프로토타이핑

Prototyping

PROTOTYPING: A PRACTITIONER'S GUIDE
by Todd Zaki Warfel

Copyright © 2009 Rosenfeld Media, LLC
All Rights Reserved
Korean Translation Copyright © 2011 by Insight Press

이 책의 한국어판 저작권은 저작권자와의 독점 계약으로 인사이트에 있습니다.
저작권법에 의해 한국 내에서 보호를 받는 저작물이므로 무단전재와 무단복제를 금합니다.

프로토타이핑
UX 디자이너가 반드시 알아야 할 프로토타이핑 기법

초판 1쇄 발행 2011년 5월 10일 **지은이** 타드 자키 워플 **옮긴이** 이예나, 이재명 **펴낸이** 한기성 **펴낸곳** 인사이트 **편집/제작** 김강석 **용지** 세종페이퍼 **표지출력** 경운출력 **인쇄/CTP** 현문인쇄 **제본** 자현제책 **등록번호** 제10-2313호 **등록일자** 2002년 2월 19일 **주소** 서울시 마포구 서교동 469-9 석우빌딩 3층 **전화** 02-322-5143 **팩스** 02-3143-5579 **블로그** http://blog.insightbook.co.kr **이메일** insight@insightbook.co.kr **ISBN** 978-89-6626-002-7 책값은 뒤표지에 있습니다. 잘못 만든 책은 바꾸어 드립니다. 정오표는 인사이트 스프링노트(http://insightbook.springnote.com/pages/7626799)에 있습니다. 이 도서의 국립중앙도서관 출판시도서목록(CIP)은 e-CIP 홈페이지(http://www.nl.go.kr/ecip)에서 이용하실 수 있습니다.(CIP제어번호: CIP2011001843)

UX insight

UX 디자이너가 반드시 알아야 할 프로토타이핑 기법

타드 자키 워플 지음 | 이예나 · 이재명 옮김

프로토타이핑

"독자 여러분의 프로토타이핑이 아이디어 탐색을 위해서거나, 혹은 소통을 위해 사용하더라도, 타드 자키 워플의 명석하고 접근성 좋은 가이드는 독자 여러분에게 필요한 툴을 제공할 것이다."

- 제시 제임스 개럿Jesse James Garrett, Adaptive Path의 대표
『The elements of User experience』의 저자

"여러분의 디자인 프로세스에 프로토타이핑이 포함되어 있지 않다면, 이 책을 봐야 한다. 이 책은 여러분께 프로토타이핑의 중요성을 설명할 뿐 아니라, 어떻게 프로토타이핑을 진행할 수 있는지 알려주고 있다. 저자의 직관적인 설명과 유용한 예제들은 경험 있는 디자이너들에게도 어떤 프로토타이핑을 진행할 것인지, 언제 실시할 것인지, 그리고 어떤 도구로 제작해야 할지에 대해 많은 도움을 줄 것이다. 누군가 저에게 프로토타이핑에 대해 물어본다면, 지금부터 그들에게 이 책을 권하고 싶다."

- 킴 굿윈Kim Goodwin, Cooper Design 부사장
『Designing for the Digital Age』의 저자

"이 책을 4분의 1쯤 읽었을 때 우리는 요구사항 문서를 집어 던지고, 대신 사진들과 화이트보드 스케치를 이용해서 소통하기 시작했다. 어떠한 프로토타이핑을 적절히 사용할지 현업에 있는 다양한 사람들의 사례와 함께 지혜를 통합하고, 분석하여준 타드에게 감사를 전한다."

- 숀 에이브러햄슨Shaun Abrahamson, Colaboratorie Mutopo의 연구원

"타드의 글은 프로토타이핑에 대한 종합적인 관점을 제공한다. 사회적 의사결정 및 조직상의 구매 문제를 결정함에 있어서 프로토타입의 역할부터 인터렉티브한 작품을 만들기 위한 실제 예제까지. 이 책은 우리가 일상에서 사용하는 실제 제품을 만들어 내는 현업 전선의 디자이너들을 위한 완성도 높은 책이다."

- 존 콜코Jon Kolko, Frog의 인터랙션 디자이너, 크리에이티브 디렉터이자 편집장

"만약 애플리케이션을 디자인하고 있고, 태스크 플로나 와이어프레임에서 갇혀 있는 독자라면, 이 책을 한번 볼 것을 권한다. 타드는 실질적이고 체험 가능한 조언들을 통해 독자 여러분이 프로토타이핑을 진행하고, 실제 구현 이전에 정말 인터렉티브한 디자인을 만들 수 있도록 도와줄 것이다."

— 댄 새퍼Dan Saffer, Kicker Studio의 사장
『Designing for Interaction』『Designing Gestural Interfaces』의 저자

"우리 분야에 크게 공헌한 타드 자키 워플의 책은 '왜?'라는 질문과 '어떻게?'라는 질문이 완벽하게 균형을 이루고 있다. 작가는 훌륭한 사례들을 들어 독자 여러분이 왜 프로토타이핑이 강력한지 이해시켜 주고 있으며, 실례로 각종 도구와 기법들을 아이디어에 즉시 적용할 수 있도록 하였다."

— 크리스 콘리Chris Conley, Gravity Tank의 책임 디렉터

"타드는 프로토타이핑에 대한 가장 큰 의문, 예를 들어 어떻게 구체화할 것인가? 어떤 모양으로 구성할 것인가?에 대해 성공 원칙들과 실질적인 사례들을 통해 답을 던진다. 이 책을 몇 년 전에만 가질 수 있었어도 얼마나 좋았을까…."

— 빌 드루시Bill DeRouchey, Ziba Design의 선임 인터랙션 디자이너

| 차례 |

옮긴이의 글 x | 이 책에 대하여 xii | 추천의 글 xviii | 들어가는 글 xxi

Chapter 1 프로토타이핑의 가치

프로토타이핑은 창의적 프로세스이다 5
프로토타이핑, 보여주기, 말하기 그리고 그 경험의 위력 5
프로토타이핑은 커뮤니케이션 오류가 발생할 가능성을 줄여준다 9
프로토타이핑은 시간, 노력, 비용을 효과적으로 절약한다 11
프로토타이핑은 자원의 낭비를 감소시킨다 12
프로토타이핑은 실제 가치를 제공해준다 16
요약 20

Chapter 2 프로토타이핑 프로세스

디자인 스튜디오의 부재 24
프로토타이핑 프로세스는 어떤 단계들로 이루어져 있는가 25
요약 41

Chapter 3 프로토타이핑의 유형

유형 1: 커뮤니케이션 공유형 45
유형 2: 디자인 작업 중심형 52
유형 3: 내부 아이디어 교류형 53
유형 4: 사용성 테스팅 55
유형 5: 기술 구현 가능성 측정형 58
요약 64

Chapter 4 프로토타이핑을 위한 여덟 가지 가이드

가이드 1: 대상 사용자와 제품의 기획의도를 이해하라 68
가이드 2: 계획은 조금만 세우고, 뒷일은 프로토타입에게 맡겨라 69
가이드 3: 기대 심리를 조성하자 71
가이드 4: 스케치를 두려워하지 마라 73
가이드 5: 프로토타입은 예술품이 아니다 76
가이드 6: 제대로 만들 수 없다면, 제대로 만든 '척'이라도 하자 78
가이드 7: 필요한 부분만 프로토타이핑하라 81
가이드 8: 위험 부담을 줄이는 방법- 프로토타입을 초기에 제작하고, 자주 만들어보자 82
요약 85

Chapter 5 프로토타입을 위한 툴

영향 요인들 89
어떤 툴을 사용하는가 92
어떤 종류의 프로토타입을 만들어 내는가 93
요약 96

Chapter 6 페이퍼 및 아날로그 방법론과 툴들

장점 100
약점 101
핵심적인 페이퍼 프로토타이핑 준비물 104
프로그레시브 페이퍼 프로토타이핑 105
요약 120

Chapter 7 파워포인트와 키노트

장점 124
약점 126
파워포인트를 이용한 서술형 프로토타입 만들기 127
파워포인트를 활용한 인터랙티브 프로토타입 만들기 131
파워포인트 내에서 사용하는 AJAX 효과들 135
요약 137

Chapter 8 비지오 Visio

장점 142
약점 143
비지오를 이용한 프로토타이핑 145
추가 자원 153
요약 156

Chapter 9 파이어웍스 Fireworks

장점 160
약점 162
실습 예제: 아이폰 애플리케이션의 프로토타입을 파이어웍스로 제작해 보기 164
추가 자원 175
요약 178

Chapter 10　Axure RP Pro

장점　182
약점　183
Axure RP를 이용한 비디오 웹사이트 프로토타입 제작하기　184
추가 자원　200
요약　202

Chapter 11　HTML

장점　206
약점　208
HTML을 사용한 프로토타이핑　209
HTML 프로토타입 제작하기　211
추가 자원　228
요약　231

Chapter 12　프로토타입 테스팅

통상적인 실수　235
사용성 테스트 준비하기　242
테스트 시나리오 설계하기　243
프로토타입 테스트하기　245
테스트 과정 녹화 및 피드백　247
결과 분석 및 다음 액션 설정하기　250
맺음말　252
요약　254

찾아보기　255

옮긴이의 글

중요한 시험을 앞둔 수험생에게 어른들이 늘 하는 말씀이 있습니다.
 "연습은 실전처럼, 실전은 연습처럼."
 실전에 임하여 긴장하지 말라는 격려의 뜻이 담긴 덕담이긴 하나, 사실상 당사자로서는 엄청난 부담을 느끼게 됩니다. 어떻게 연습이 실전 같을 수 있으며, 실전을 연습처럼 진행할 수 있을까요? 웬만한 강심장이 아니라면 실전에서는 바짝 긴장하기 마련입니다. 그러나 얼마나 치밀하게 실전을 준비했느냐에 따라 수험의 성패가 나눠지기에 끊임없는 연습을 하게 됩니다. 이 책은 '시장'에 제품, 서비스, 콘텐츠를 내놓기 전에 반드시 거쳐야 하는 연습에 대해 이야기하고 있습니다.
 언제부터인가 '사용자 경험 디자인'이라는 키워드가 마치 유행처럼 IT 업계와 학계 전반에 퍼져나갔습니다. 가장 좋은 사용자 경험을 이끌어내기 위해 기업들은 다양한 시도를 하고, 다양한 방법론을 디자인 프로세스에 앞 다투어 도입했습니다. 그 수많은 시도 중 하나가 바로 '프로토타이핑'이라는 디자인 방법론입니다. 사실, 프로토타이핑은 매우 오래 전부터 제품 디자인과 건축 업계에서 행해오던 전통적인 방법론입니다. 실제 제품이나 서비스를 론칭하기 전에 실물과 유사한 모형을 제작하여 일련의 테스트 과정을 통해 최종 점검을 하는 일종의 '모의고사'라고 할 수 있습니다.

저자는 이 책을 통해 프로토타이핑의 장점과 필요성에 대해 구체적인 실무 사례를 들어 설명하고 있습니다. 저자의 풍부한 실무 경험과 다양한 클라이언트들의 사례는 웹과 모바일 기획에 있어 프로토타이핑을 통해 얻을 수 있는 통찰력이 얼마나 값진 것인지 일깨워주기에 충분합니다. 또한, 키노트와 파워포인트, Axure RP, HTML, 플래시 등 실무에서 유용하게 쓰이는 툴의 사용법이 소개되어 있어 처음 프로토타이핑을 진행하는 독자라도 쉽게 시작할 수 있도록 구성되어 있습니다. 특히, 모든 프로토타이핑의 기본인 페이퍼 프로토타이핑 기법에 대한 자세한 설명과 예제, 사용성 테스트에 관련된 내용은 가히 이 책의 하이라이트라고 할 수 있습니다.

사용자 경험이라는 뜬구름 같은 디자인 대상을 연구하고, 실무에 적용시킴에 있어 프로토타이핑은 매우 효과적인 방법이며, 신뢰도 높은 데이터와 통찰력을 얻을 수 있는 좋은 소스입니다. 분야를 막론하고, 본 무대에 올라서기 전, 실전에 준하는 리허설을 스스로 설계하고 치러내는 과정을 한 단계 한 단계 정성스럽게 설명하고 있는 이 책이, 현역 실무자뿐 아니라, 사용자 경험 디자인에 입문하는 학생들에게 친절한 길잡이가 될 수 있기를 기대해 봅니다.

마지막으로, 긴 번역 기간 동안 조언과 충고를 아끼지 않아주신 인사이트 출판사의 김강석 편집자님과 권희정 선생님, 그리고 소중한 저희 가족 여러분께 감사의 말씀을 전합니다.

이예나/이재명

이 책에 대하여

세상에 HTML, CSS, JavaScript를 코딩하는 방법에 대해 설명하는 책들은 셀 수도 없이 많이 있다. Java, .Net, PHP, Python이나 Ruby on Rails와 같은 프로그래밍 언어를 소개한 책들도 아쉬울 것 없이 잔뜩 출간되어 있다. Flash, Dreamweaver, Photoshop, Visio 등의 인터페이스 디자인에 관련된 책들을 찾아보라. 역시 엄청난 양의 서적들이 이미 넘쳐난다. 하지만 이와는 다르게, UX 실무자를 위한 프로토타이핑 방법론을 집중적으로 다룬 가이드 서적은 아직까지도 많이 부족하다.

  이 책은 프로토타이핑 방법론의 원리와 이론, 그리고 실무에서의 활용 방법을 동시에 다루고 있다. 필자는 몇 가지의 성공적인 실무 적용 사례와 개인적인 경험, 그리고 다른 업계 실무자의 경험들을 이 책에 녹여내었다. 더불어, 프로토타이핑을 좀 더 빠르고 쉽게, 그리고 성공적으로 적용할 수 있는 다양한 팁도 함께 기술하였다.

이 책의 독자 대상

이 책은 디자인, 제품 기획, 서비스 기획, 소프트웨어 개발과 관련된 일을 하는 모든 실무자를 대상으로 집필되었다. 시각 디자이너, 인터랙션 디자이너, 인포메이션 아키텍트, 개발자, 사용성 엔지니어, 제품 기획자, 경영자 등이다. 프로토타이핑을 통해 내부 커뮤니케이션을 향상시키고 비용을 절감하는 방법을 이해할 수 있을 것이다. 이 책은 그것을 어떻게 할 것인지를 알려준다.

이 책의 구성
전체 내용은 크게 세 개의 섹션으로 구분된다.

섹션 1
Chapter 1부터 Chapter 5까지는 프로토타이핑의 이론적 배경과 함께 최상의 프로토타이핑 적용 사례를 다룬다. 이 부분에서, 독자들은 각자의 프로젝트에 가장 적합한 프로토타이핑 기법과 가이드라인을 찾아낼 수 있을 것이다.

섹션 2
Chapter 6부터 Chapter 11은 페이퍼 프로토타이핑과 HTML을 비롯한 다양한 프로토타이핑 툴에 대해 상세히 다루었다. 각 장의 구성은 툴의 특성에 따른 프로토타입 평가 매트릭스를 설명하고, 각 툴의 강점과 약점에 대해 분석하는 방식으로 이루어져 있다. 그리고 각 장의 마지막 부분에는 프로토타이핑 방법론의 단계별 실무 적용 튜터리얼과 실전 팁을 수록하였다.

섹션 3
마지막 장은 실제 작업 프로세스 중, 프로토타입을 테스팅하는 방법에 대한 설명으로 마무리지었다.

보다 폭 넓게 책을 활용하는 방법

rosenfeldmedia.com/books/prototyping에 접속하면, 이 책에 수록된 사례에 나오는 미디어 기사, 영상, 툴, 템플릿, 프로토타이핑 소스를 찾아볼 수 있다. 그리고 필자의 프로토타입 강의와 관련 외부 세미나들에 대한 일정을 확인할 수 있다.

그리고 flickr.com/photos/rosenfeldmedia/sets/에 가면 관련 다이어그램, 스크린샷, 일러스트레이트를 다운받을 수 있다.

자주 묻는 질문

어떤 프로토타입 방법론을 선택하여야 하는가?

프로토타이핑 기법을 선택할 때에는 몇 가지 결정요인들에 대하여 신중히 고려해 볼 필요가 있다. 여러분은 특정 프로토타이핑 기법을 선택하기에 앞서, 아래의 사항들에 대해 고민해 보아야 한다.

- 이 프로토타입의 목적은 무엇인가?
- 누가 이 프로토타입의 사용자가 될 것인가?
- 본인이 해당 프로토타입 방법론과 기법을 잘 이해하고 있는가?
- 해당 프로토타입 기법에 대해 이미 숙지하고 있는가? 혹은 본인이 빠르게 배울 수 있는 방법론인지 판단할 수 있는가?
- 이 방법론·툴이 본인의 디자인을 테스트하고, 커뮤니케이션하기에 얼마나 효과적인가?

위의 질문 리스트에 대한 답에 따라, 여러분이 처한 상황에 적합한 프로토타이핑 방법론의 선택이 달라질 수 있다. 이에 따라 프로토타이핑 툴이나 기법에 대한 선택 여부 역시, 달라진다.

저충실도Lo-fidelity로 작업할 것인가?
아니면 고충실도Hi-fidelity로 작업할 것인가?

특별히 고/저 충실도를 구분하여 작업할 필요는 없다. 프로토타이핑을 실시하는데 있어, 이 문제는 그리 큰 영향력을 미치지 않기 때문이다. 충실도의 정도는 프로토타입을 통해 검증하고자 하는 실시 목표에 따라 달라진다.

와이어프레임Wireframe, 스토리보드, 프로토타입 간의 차이점은 무엇인가?

충실도와 기능, 혹은 어떤 과정을 거쳐 만들어졌는가에 상관없이, 프로토타입은 해당 디자인의 기획의도를 비롯하여 모든 사용자 정황에 대한 디자인 요소들을 반영한 시뮬레이션을 할 수 있어야 한다. 와이어프레임과 스토리보드는 특징적인 디자인이나 화면 구성에 대해서만 설명할 수 있는 표현 방법이며, 디자인 요소들에 대한 시뮬레이션은 포함하지 않는 개념이라 할 수 있다. 시뮬레이션과 다양한 상황들에 대한 디자인이 프로토타이핑을 여타 방법론들과 구분 짓는 차이점이라 할 수 있다.

왜 다른 툴은 수록하지 않았나?

이 책에 소개할 방법론을 선정할 때, 업계에서 사용 빈도수가 높은 기법을 우선적으로 고려하였다. 책을 집필하기 시작할 때, 많은 실무자들을 대상으로 현업 UX 디자인에서 가장 보편적으로 활용하는 방법론이나 툴에 대한 설문조사를 실시하였다. 조사 결과는 본문의 Chapter 5에서 확인 할 수 있을 것이다.

플래시의 경우, 플래시만 전문적으로 다룬 서적들이 이미 많다. 매우 훌륭한 프로토타이핑 툴이며, 그 때문에 상당히 인기 있는 프로그램이기도 하다. 따라서 필자는 플래시보다는 다른 툴들을 좀 더 충실히 기술하고자 하였다.

OmniGraffle과 Balsamic도 매우 훌륭한 다이어그래밍 툴이자 프로토타이핑 툴이기도 하다. 그러나 현 시점에서는, 업계에 널리 보급되지 않아 집필 대상에서 제외하였다.

어떻게 클라이언트와 경영자들에게 프로토타이핑의 필요성을 인식시킬 것인가?

아마도 바로 이 문제가 프로토타이핑을 처음 대하는 사람들이 부딪치는 가장 어려운 벽일 것이다. 딱히 상황을 피하려는 의도가 아니더라도, 시도하기 두렵거나, 실패할까봐 겁이 날 것이다. 여러분의 상사나 클라이언트에게 프로토타이핑의 필요성을 설명하고 가치를 보여주는 것에 자신이 없을 것이다.

이 책의 첫 장은 프로토타이핑의 가치에 초점을 맞추었다. 이 장의 내용을 토대로 여러분은 상사와 클라이언트에게 '프로토타이핑을 왜 하지 않을 수 없는지'에 대해 의견을 피력하는 방법을 배울 수 있을 것이다. 사실, 프로토타이핑을 하지 않으면 오히려 더 많은 비용 발생과 시간 낭비를 초래한다. 필자가 소개한 사례들과 이 책이 주는 인사이트가, 여러분에게 프로토타이핑을 해야만 하는 이유를 뒷받침할 수 있는 추가적인 정보가 되어 줄 것이다.

어떻게 시작해야 하는가?

그냥, 바로 시작하면 된다. Fireworks나 HTML 코딩 같은 새로운 툴을 배운다는 느낌을 전혀 받을 필요가 없다. 마음 편하게 종이나 파워포인트로 시작한다고 생각하면 된다. 여러분은 바라는 것 그 이상의 많은 것을 프로토타이핑으로 얻게 될 것이다.

추천의 글

이론과 실천의 차이는 무엇일까? 생전에 알버트 아인슈타인은 "이론상에서는 (어떤 상황에서든) 동일한 답이 도출되고, 실천에서는 (실험을 반복할 때마다) 매번 상이한 값이 나온다"라는 말로 이론과 실천의 차이점에 대해 언급했다.

끊임없는 실천은 완벽함을 만들어 낸다. 스포츠 챔피언들은 꾸준히 훈련을 지속한다. 선禪 수행자들은 정진만이 열반에 들 수 있는 유일한 길이라고도 말한다. 이처럼 실천은 배움의 가장 근본적인 뿌리라고 할 수 있다. 실천하는 만큼 배울 수 있고, 배운 만큼 성장할 수 있는 것이다.

프로토타이핑은 디자이너와 기획자들을 위한 실천이다. 단순한 디자인 방법론의 한 종류가 아니라, 프로토타이핑은 일종의 디자인 철학이다. 프로토타입을 만드는 그 순간, 여러분은 자신의 디자인, 제품 그리고 서비스가 스스로 '존재'함을 알 수 있게 된다. 그리고 디자인 크리에이터로서, 자신의 디자인에 대해 감탄할 정도로 더 깊이 알게 된다.

프로토타입은 여타 상상력의 산출물과는 확연히 다르다. 이유는 간단하다. 프로토타입은 '실체'이기 때문이다. 프로토타입은 상상이 아니라 현실 속에 존재한다. 따라서 프로토타입은 '검증'이 가능하다. 프로토타입을 이리저리 변경하면서 여러 가지 시나리오를 실행할 수 있으며, 가정을 검증하기 위한 디자인 실험도 할 수 있다.

프로토타입이 없다면, 디자이너는 직접 제품을 만들어 출시하기 전까지, 자신의 디자인을 테스트해 볼 도리가 없다. 오늘날처럼 역동적으로 변동이 심한 시장 환경 속에서는 어느 특정 기업이 시장을 장악하기까지 그리 오랜 세월이 걸리지 않는다. 구글은 1998년도에 서비스를 개시했고, 페이스북은 2004년에, 그리고 트위터는 2007년에 각각의 서비스를 내놓았다. 이런 환경을 고려해 볼 때, 제품이나 서비스를 검증 없이 제작하는 것은 몰상식한 처사라 해도 과언이 아니다. 마치 운동경기에 아무런 훈련도 받지 않은 아마추어 선수를 등 떠밀어 출전시키는 행위나 다를 바 없는 '실패로 가는 지름길'인 것이다.

그래서 아직 디자인 프로세스가 종료되지 않은 시점, 즉 디자인 프로세스가 한창 진행 중일 때, 프로토타입을 만들고, 부수고, 시험하며 배우고 아이디어를 정립시켜야 한다. 마치 우리가 어린 시절부터 성인이 된 이후에도 여전히 학습을 하고 있는 것처럼 끊임없이 시도하고, 오류를 경험하고, 지속적인 정비를 해야 한다.

프로토타이핑 방법론을 다룬 책으로는 절대 실제 프로토타입보다, 그리고 프로토타입을 만드는 바로 그 순간의 경험보다 더 많은 것을 말해줄 수는 없다. 또한, 절대 잊지 말아야 할 것이 있다. 프로토타이핑은 즐거워야 한다. 프로토타이핑은 놀이와 사회적 활동을 통해 여러분의 아이디어를 발전시키는 방법이기 때문이다. '폐쇄된 디자인'이나 '상아탑에서의 디자인'과는 정반대의 개념이다. 프로토타이핑은 사람과 함께하고 사람을 위해 디자인하는 과정이다. 프로토타입은 놀이이다. 놀이는 삶을 위한 리허설이라 할 수 있다. 프로토타이핑은 마치 연습처럼, 즐겁게 놀며 배우는 학습활동이다.

여기서 프로토타이핑은 연습이나 놀이에 머무르지 않고 한 단계 더 나아간다. 프로토타이핑은 많은 사람들을 위한 '도약'의 발판이기도 하다. 그래서 용기와 열정, 그리고 잘 해내고자 하는 책임감이 필요하다. 여러분은 실패와 질타에 대한 두려움을 버려야 할 필요가 있다. 여러분의 소중한 디자인이 아무런 상관없는 사람들의 손에 거칠게 다루어지는 것을 지켜볼 수 있을 만큼 담대해야 한다. 또한 시간과 노력을 들여 차분히 새로운 접근 방법을 검토하고 시도할 수 있을 만큼 냉정해야 한다.

이처럼, 프로토타이핑은 끊임없이 지속되는 프로세스이자, 끝이 보이지 않는 무한한 학습 과정이며, 새로운 것을 창조하고, 세상에서 더 나은 모습으로 발전할 수 있도록 도와주는 배려이다.

저자는 자신의 심도 있는 경험과 실무에서의 예리함을 이 책에 담아냈다. 그는 이 책을 통해 그의 디자인 철학과 그만의 테크닉들, 그리고 업계에서 일명 '통하는' 최고의 방법론을 공유한다. 여러분은 그를 신뢰해도 좋다. 그는 스스로 프로토타이핑과 실천을 끊임없이 하는 사람이다. 그는 담대하고 다른 사람들의 말을 경청하며 즐거운 마음으로 일한다.

그러니, 마음 놓고 도약해보라. 이 책에 푹 빠져보라. 시도하고, 테스트하고, 분해해보라. 여러분의 아이디어를 프로토타이핑하고, 연습해보고, 디자인에 함께 어울려 유희해보라. 저자에게 여러분이 이 책에서 느끼는 장점과 단점에 대해 거리낌없이 토론하고 이 책을 더 발전시킬 수 있을지 이야기하라. 저자는 여러분의 피드백을 소중히 받아들일 것이다.

데이브 그레이 Dave Gray
Xplane의 설립자이자 대표이사

들어가는 글

본문에 들어가기에 앞서 내가 왜 프로토타이핑에 대한 책을 쓰기로 마음먹었고, 왜 로젠펠드 출판사와 작업하게 되었는지에 대한 이야기를 하고자 한다. 사실, '프로토타이핑'은 필자가 열정적으로 관심을 가지고 있는 세 가지 주제 중 하나였다.

로우Lou Rosenfeld가 먼저 나를 찾아왔는지, 아니면 내가 그를 먼저 찾아갔는지는 정확하게 기억나지 않는다. 다만 로우가 나에게 '꽤 많은 사람들이 당신과 대화를 나눠보라고 하였는데, 혹시 쓰고 싶은 주제가 있는가?'라고 물어온 것은 분명히 기억이 난다. 이것이 협상의 시작이었다. 나는 몇 가지 흥미로운 주제를 그에게 제시했고, 그는 나에게 로젠펠드 출판사와 일할 것을 권유했다.

로우는 필자의 기대와는 달리, 앞서 제시한 세 가지 주제 중 다른 두 가지에 대해서는 별 관심을 보이지 않았다. 그러나 '프로토타이핑'에 대해서만큼은 큰 관심을 보였고, 그걸로 충분했다. 그 역시 내가 프로토타이핑에 대한 책을 저술할 수 있으리라 믿어주었다.

그 당시 로젠펠드 미디어는 태동한 지 얼마 되지 않은 신생 회사로 유력한 출판사는 아니었다. (아직도 실세가 크지는 않다.) 필자는 로우가 로젠펠드 미디어를 통해 출간하려는 서적들이 실무자 중심으로 실무에서 검증된 주제를 다루려고 한다고 믿었다. 그리고 필자 스스로가 작은 디자인 컨설턴트 회사를 꾸려가고 있는 사람으로서, 골리앗에게 둘러싸인 다윗처럼 출판업계에 새 바람을 불러일으키고자 하는 로우를 도와주고 싶었다.

왜 프로토타이핑인가? 프로토타이핑은 이 책을 기획할 당시, 아주 시기적절한 주제였다. 그 당시, UX 실무자나 디자이너를 대상으로 하는 프로토타이핑 서적은 전무했었다. 물론, 제품 디자이너나 소프트웨어 엔지니어들을 위한 프로토타이핑 관련 서적들은 존재했으나, 인터랙션과 경험을 소프트웨어 시스템에 녹여내는 사람을 대상으로 한 책은 아니었다. 당시의 UX 실무자들에게 적합한 유일한 책은 캐롤린 스나이더의 『페이퍼 프로토타이핑』이었다.[1]

이 책은 매우 훌륭하다. 나도 이 책이 있다. 나는 페이퍼 프로토타이핑의 열정적인 지지자이다. 실제로 페이퍼 프로토타이핑은 늘 즐겨 강의하는 방법론이기도 하다. 그러나 실무에서는 더 다양한 방법론과 툴이 필요하다 느꼈다.

프로토타이핑은 필자가 운영하는 디자인 회사인 Messagefirst가 수행했던 작업의 큰 부분을 차지했었다. 그때 당시 우리 회사는 AJAX 스타일의 인터랙션을 이용한 다양한 변동 시스템을 디자인하는 중이었다.

우리는 와이어프레임 작업에 모든 노력과 자원을 한계까지 쏟아부었

---

[1] (옮긴이) Carolyn Snyder, 『Paper Prototyping: The Fast and Easy Way to Design and Refine User Interfaces (Interactive Technologies)』

으나, 원하는 결과를 얻어내지 못했다. 와이어프레임은 우리가 원하는 인터랙션 디자인 작업에서 더 이상 효과적인 방법론이 아니었던 것이다. 와이어프레임 문서 모델의 품질이 높을수록, 우리는 그 문서를 클라이언트에게 설명하기 위해 더 많은 시간을 할애해야 했다.

나를 아는 모든 사람들은 내가 지속적으로 디자인을 진화시킬 수 있고, 디자인 프로세스를 진취적으로 추진할 수 있는 효과적인 방법론을 탐색한다는 것을 잘 알고 있다. 디자인 자체에 대한 문제로 디자인 프로세스가 망가지고, 전체적인 수정이 필요할 때, 내가 구한 해답은 프로토타이핑이었다.

이 책을 쓰기 전에 나의 프로토타이핑 경험은 페이퍼 프로토타이핑, 파워포인트, 키노트, 플래시 그리고 HTML에 국한되어 있었다. 나는 스스로 경험하지 못한 방법론에 대해서는 섣불리 저술하고 싶지 않았다. 이 책은 필자를 위한 것이 아니라, 독자들 즉, 여러분을 위한 작업이었기 때문이다. 여타의 디자인 프로젝트처럼, 책의 집필을 위해 약 9개월여에 걸친 리서치를 진행하였다. 수십 명의 실무자들을 인터뷰하고, 필자가 기억해낼 수 있는 모든 프로토타이핑 방법론을 연구하였.

가장 먼저 깨달은 사실은, 새로운 프로토타이핑 툴에 대해 스스로 학습해야 한다는 것이었다. 이전에 Visio와 Fireworks를 이용해 디자인 작업을 진행해 본 적은 있으나, 프로토타이핑을 위한 툴로서 사용한 적은 없었고, Axure RP pro는 한 번도 경험해 본 적이 없는 상태였기 때문이다.

이 책을 만드는 작업을 통해 많은 것을 배우고 경험하였다. 새로운 방법론과 툴, 그리고 동료들로부터 수많은 팁과 테크닉들을 배울 수 있었다. 또한 프로토타이핑의 성공 사례와 실패 사례, 그리고 나 자신의 성공과 실패에서도 많은 것을 배울 수 있었다. 프로토타이핑이 여러분의 디자인 프로세스를 어떻게 바꿀 수 있는지 스스로 학습할 수 있도록 이 책을 구성하였다. 또한 필자 스스로의 경험과 다른 이들의 경험 들을 공유하도록 하였다. 아무쪼록 다음 프로젝트 때 여러분의 경영진과 클라이언트들에게 프로토타이핑의 가치를 보여주고, 프로토타이핑이 프로젝트 진행에 있어 필수불가결한 요소임을 피력하는 데 도움이 되길 바란다.

감사의 글

이 책은 많은 이들의 도움이 없었으면 세상에 나올 수 없었다. 먼저 로젠펠드미디어의 대표 로우에게 감사하다. 세 개의 책 기획안을 갖고 얘기했을 때, 그가 가장 준비가 덜 된 이 프로토타이핑 주제를 집어 들었다. 하여튼 이 책을 쓰게 용기를 북돋워 준 로젠펠드미디어측에 감사의 말을 전한다. 책 발간과 관련하여 정말 많은 걸 배웠다.

    이 책의 편집자인 Marta Justak에게도 감사할 따름이다. 새로운 것과 옛 것을 잘 조화시키는 편집자를 만난 건 나에게는 행운이었다. 책을 쓰려는 모든 저자가 꼭 같이 하고 싶어할만한 편집자였다.

    이 책을 쓰기 위한 리서치 기간만 해도 9개월이었다. 벤더와 동료들을 인터뷰하면서 그들이 쓰고 있는 방법론과 툴 그리고 새로운 트릭 들을 알 수 있었다. 그들을 설득하여 이 책에 그 내용을 실을 수 있었다. 이와 같은 지혜를 헌정해준 많은 이들에게 감사의 말을 전한다.

    Netflix의 Bill Scott, UX 컨설턴트인 Anders Ramsay와 Chris Palle, Adaptive Path의 David Verba, Axure의 Victor Hsu, Xplane의 Scott Mathew, iRise의 Tom Humbarger, Miskeeto의 Robert Hoekman, Jr., Frog Design의 Robert

Reimann, Regular Joe Consulting의 Joe Sokohl, EightShapes의 Nathan Curtis, Concept7의 Henk Wijnholds와 Stefan Wobben, Expedia의 Jonathan Baker-Bates, Evantage의 Fred Beecher.

또한 이 책의 리뷰를 해준 많은 이들에게도 감사하다. 각 장의 방법론이나 툴들이 적합한지 확인해 주었다. 「페이퍼 프로토타이핑」은 UX 컨설턴트임과 동시에 애자일 코치인 Jeff Patton이, 「Visio와 HTML」은 Andars Ramsay가, 「Firewoks」는 어도비의 Alan Musselman이, 「Axure RP Pro」는 Fred Beecher가 리뷰를 해줬다. 마지막으로 계속 쓸 수 있도록 끊임없이 격려해 준 내 아내 안젤라에게도 감사의 말을 전하고 싶다.

방법론과 툴 비교 매트릭스

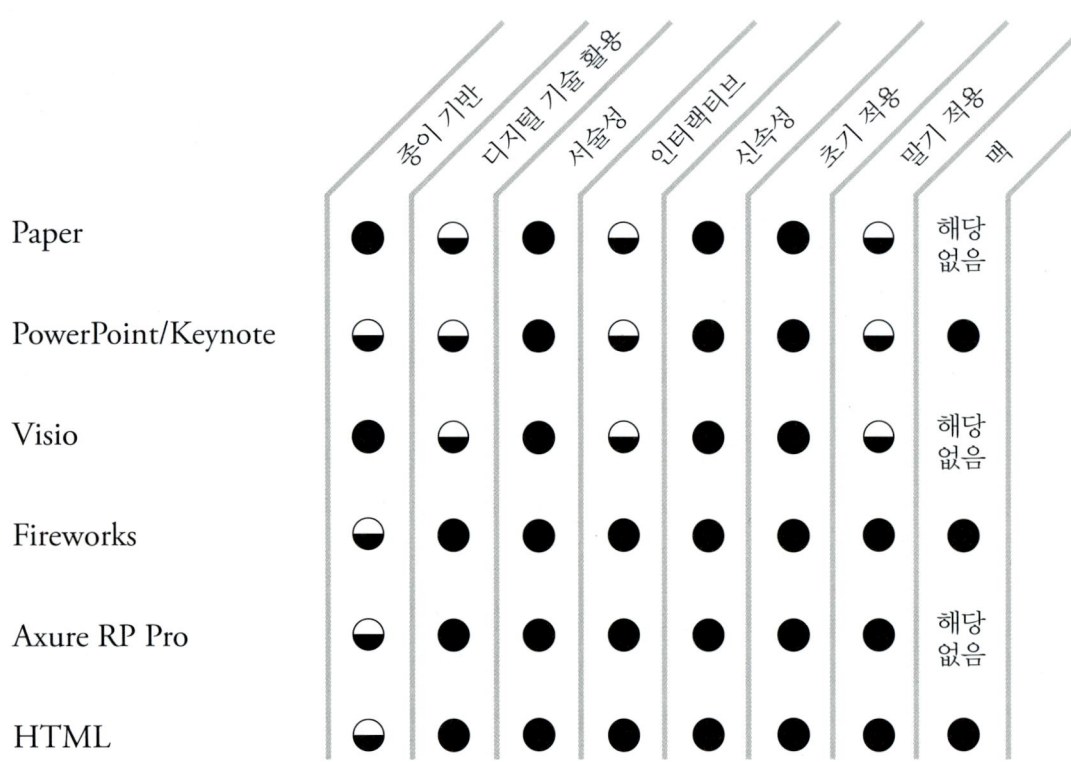

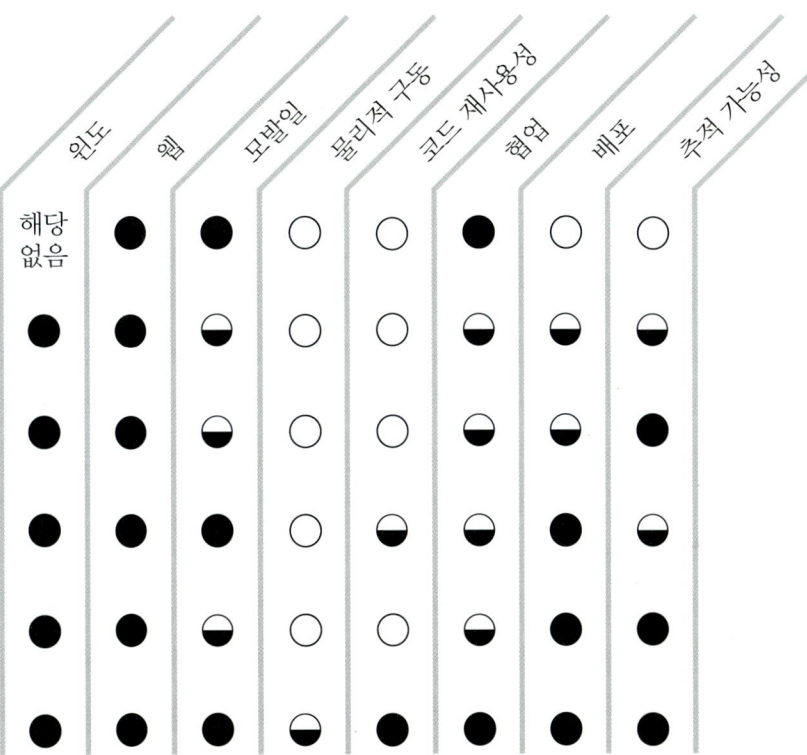

CHAPTER 1

프로토타이핑의 가치

프로토타이핑은 창의적 프로세스이다   5

프로토타이핑, 보여주기, 말하기, 그리고 그 경험의 위력   5

프로토타이핑은 커뮤니케이션 오류가 발생할 가능성을 줄여준다   9

프로토타이핑은 시간, 노력, 비용을 효과적으로 절약한다   11

프로토타이핑은 자원의 낭비를 감소시킨다   12

프로토타이핑은 실제 가치를 제공해준다   16

요약   20

우리는 매년 자동차 제조사들이 선보이는 '미래형 콘셉트 카'를 통해, 미래의 자동차에 대한 가능성과 상상력을 엿볼 수 있다. 대중에게 선 보일 한 대의 콘셉트 카를 만들어내기 위해 자동차 제조사들은 수년간 수백만 달러의 거금을 아낌없이 투자한다. 재미있는 사실은, 이런 콘셉트 카들의 아주 일부 기능, 혹은 디자인만을 반영한 모델들이 출시되는 경우는 더러 볼 수 있으나, 실제로 모터쇼에서 선보였던 미래형 콘셉트 카를 원안 그대로 대량 생산해 시장에 출고될 가능성은 제로에 가깝다는 것이다. 제조사들은 어째서 이런 시도를 매년 거듭하는 것일까?

자동차 시장 내 경쟁은 매우 치열하다. 따라서 제조사들에게 있어 '이노베이션'은 치열한 경쟁에서 이기기 위한 수단이자, 생존의 필수 조건이기도 하다. 혁신적인 기술, 새로운 디자인을 실제 생산 모델에 적용하기 위해서는 테스트가 필요한데, 바로 이 테스트의 수단으로 '실제 자동차와 동일한 크기와 구조를 지닌' 콘셉트 카를 제작하는 것이다. 기업들은 콘셉트 카를 통해 디자인 시안의 실제 모습을 구현해보고, 어떤 기술이 실제 생산에서 구현 가능한 것인지, 어떤 가치들이 시장 경쟁력을 강화시킬 수 있는지 시험한다. 이것이 바로 '프로토타이핑'이다.

프로토타이핑은 수십 년 간 자동차 제작에 있어 핵심적인 디자인 방법론으로 자리매김해 왔다. 콘셉트 카, 즉 프로토타입 제작에 들어가는 비용은 막대하다. 하지만 잘못 디자인된 모델을 대량 출시했을 때 시장에서 받을 타격, 공장 기계설비의 재정비 비용을 고려한다면 프로토타입에 대한 투자는 기업 입장에서 매우 합리적이며 경제적인 선택이다. 자동차나 미사일 유도 시스템 등의 중장비 디자인 프로세스에 있어서 프로토타이핑이 매우 중요하다는 사실은 그 누구도 부정할 수 없을 것이다.

하지만 소프트웨어 개발 프로세스에도 '프로토타이핑이 과연 필요한

가'에 대해서는 아직까지 논란의 여지가 남아있다.

필자가 가장 많이 받는 질문 중 하나가 '프로토타이핑의 실효성을 클라이언트와 경영진에게 어떻게 설명해야 하는가'이다. 프로토타이핑의 개념에 익숙지 않은 클라이언트와 경영진 들은 프로토타이핑에 소요되는 시간과 예산에 대해 회의적인 시각을 피력하는 경우가 있기 때문이다.

사실, 웹사이트나 소프트웨어 애플리케이션 제작 프로세스에서 프로토타이핑을 '반드시' 실시해야 할 필요는 없다. 하지만 프로토타이핑의 가치는 디자인 대상의 복잡도가 높아질 때 비로소 드러나게 된다. 콘텐츠 관련 기술과 사용자 경험의 레이어가 다양해질수록, 프로토타이핑 작업을 거친 프로젝트의 완성도와 비용 경쟁력이 프로토타이핑을 거치지 않은 경우보다 압도적으로 뛰어남을 확인할 수 있을 것이다.

프로토타이핑은 분명 개발비용 상승의 원인을 제공한다. 하지만 프로토타이핑 작업을 통해 잘못된 디자인을 바로 잡고, 초기 문제점을 해결하여 창출되는 경제 효과는 프로토타이핑 비용보다 훨씬 크다. 다시 말해, 프로토타이핑 방법론은 디자인의 전체적인 개발비용 절감에 있어 가장 큰 경쟁력으로 작용할 수 있다.

이 책의 첫 번째 장에서는, 기업 내에 이미 디자인 및 콘텐츠 개발 프로세스가 정착된 상황에서 프로토타이핑을 도입할 때 UX디자이너가 경험할 수 있는 몇 가지 어려움에 대해 이야기를 나누어 보고자 한다. 또한 프로토타이핑 기법을 도입하여 개발의 초기 단계에서 문제점을 발견할 수 있는 포인트들, 위험 감소 효과, 시간 절약, 경제적 효과 등에 대해 알아보고 디자인 방법론으로서의 가치에 대해서도 재고해 볼 것이다.

프로토타이핑은 창의적 프로세스이다

방법론으로서 프로토타이핑이 가진 근본적인 가치 중 하나는 '창의적 프로세스'라는 것이다. 프로토타이핑 과정을 통해서 수백, 수천 가지의 아이디어를 창출해낼 수 있기 때문이다. 그중 어떤 아이디어들은 매우 기발할 수도 있고, 또 어떤 아이디어는 그렇지 않을 수도 있다. 필자는 프로토타이핑을 통해 도출된 아이디어 중, 별로 기발하지 않다고 판단되던 아이디어로부터 기막힌 해결 방안의 단초를 제공받은 경험을 해왔다. 프로토타이핑은 때때로, 이노베이션을 추진함에 있어 시간과 노력, 비용을 절감해 준다는 점에서 생산적인 프로세스라 할 수 있다. 프로토타이핑은 여러분의 머릿속에서 아이디어를 끄집어내고, 손에 실제로 잡히는, 즉 느낄 수 있고, 경험할 수 있고, 가지고 놀 수 있고, 테스트 할 수 있는 '실체'로 만들어내는 과정을 도와준다.

프로토타이핑, 보여주기, 말하기 그리고 그 경험의 위력

사진 한 장이 천 마디의 설명보다 가치가 높다고 한다면, 프로토타입은 사진의 만 배에 준하는 가치를 지닌다고 할 수 있다. 프로토타입은 '보여주기'와 '말하기'보다 한 차원 높은 '경험'을 통해 디자인을 이해할 수 있게 도와준다.

CHAPTER 1 프로토타이핑의 가치

"무언가 설명할 것이 있다면, 스토리보드와 실제 상황을 함께 보여주라." 로버트 호크만 주니어 Robert Hoekman, Jr.

디자인을 문서화하고, 커뮤니케이션하는 방법에는 요구 사양서 Requirements Document, 와이어프레임 Wireframe, 비주얼 컴포넌트 Visual Comp, 그리고 프로토타입을 포함한 다양한 기법들이 존재한다.

보편적인 디자인 문서의 유형들

요구 사양서

요구 사양서는 통상적으로 기술적 사항이나 기능별로 시스템 상의 요구 사항에 대해 설명하는 문서다. 이 문서에는 시각적 자료나 일러스트레이션보다는 기술 및 기능에 대한 요구사항 서술이 주를 이룬다. 즉, '보여주기'보다는 '말하기'에 치중하고 있는 문서다. 삽화 없이 텍스트로만 내용 전달이 이루어지기 때문에, 이따금 커뮤니케이션에 오류가 발생하기도 한다. 이런 오류를 줄이기 위해 스크린 샷을 첨부할 수도 있으나, 대개, 정적인 스크린이란 점에서 커뮤니케이션의 한계를 지닌다.

와이어프레임

주택의 건축 설계 청사진을 본 적이 있는가? 소프트웨어 설계에서 마치 청사진과 같은 역할을 수행하는 문서가 바로 와이어프레임이다. 와이어프레임은 각 페이지별 기능 구조의 시각적 표현 방법이다. 와이어프레임은 각각의 기능 컴포넌트들이 실제 화면에 어떻게 표현되고, 서로 어떤 관계를 가지고 있는지에 대해 시각적으로 보여준다. 와이어프레임은 통상적으로 그레이grey 스케일로 제작된다. 상세한 구동방법에 대한 설명 사항이 기능별로 포함되어 있어서, 요구 사양서보다 훨씬 '보여주기'와 '말하기'에 효과적이다. 하지만 디자인 자체에 있어서는 때때로 오해의 소지를 남길 수 있다. 이 '오해'들은 기능에 대한 잘못된 해석이나 세부사항을 놓치는 바람직하지 못한 결과를 가져올 수 있다.

프로토타입

프로토타입은 최종적인 시스템의 시뮬레이션, 혹은 대표 모델이라 할 수 있다. 요구 사양서나 와이어프레임과는 다르게, '말하기'와 '보여주기'보다 한 단계 더 나아가 실제로 여러분의 디자인을 '경험'할 수 있도록 도와준다. '100KB 이하'라는 용량 제한 같은 기술적인 요구사항은 프로토타입에 첨부하기에는 불분명한 코멘트다. 이런 것들은 마치 '60~200 페이지보다는 작은 파일'과 같이 애매모호한 표현으로 비춰질 수 있다. 따라서, 요구 사양서나 와이어프레임은 문서의 특성상 복합적인 시스템을 보여주고 설명하는 데에는 부적합하다. 물론, 이 두 가지 문서를 바탕으로 간단한 시스템을 설명하는 데는 그리 무리를 느끼지 않을 것이다. 그러나 복잡한 시스템을 설명함에 있어, 위의 두 문서만 사용한다면, 한계 상황에 봉착할 수밖에 없을 것이다. 위의 두 형태의 문서를 결합하여 '전체적인' 그림을 그려내는 경우가 종종 있으나, 결국 '디자인 경험' 측면에서 문제 해결을 모색하기 위한 방법으로는 와이어프레임과 요구 사양서만으로는 부족함을 지닐 수밖에 없다. 주석이 잔뜩 달린 와이어프레임과 요구 사양서는 원래 기획의도의 70~80% 정도만을 설명할 수 있다. 여전히 오해 발생의 소지가 많은 것이다.

AJAX와 RIA

AJAX와 또 다른 RIA(Rich Internet Application)를 조합하면 어떤 일이 벌어질까? 와이어프레임과 요구 사양서, 이 두 가지 문서는 이런 상황 대처에 있어 매우 신뢰성이 낮다. 둘 중 어느 한 가지도 풍부한 인터랙션과 화면전환에 대해 정확하게 스토리텔링을 할 수 없기 때문이다.

전통적인 '페이지' 기반의 인터랙션과 비교했을 때, AJAX와 RIA는 계층 구조 기반의 인터랙션을 선보인다. 즉, 하나의 페이지 안에 여러 개의 타이틀과 위젯이 독립적으로 동작하며, 서로의 오퍼레이팅에 있어 영향을 끼치지 않게 설계하는 방식을 보여준다. 예를 들어, RSS 피드를 리프레싱하고자 할 때, 사용자는 전체 웹페이지를 '새로 고침'할 필요가 없다. RSS 위젯만 독립적으로 데이터를 업데이트할 뿐, 나머지 웹 구성요소들은 그대로 정지 상태에 있어도 기능 수행에 전혀 문제가 없다는 뜻이다. 이런 계층 구조 기반의 인터랙션의 등장으로 디자이너들 사이에서는 '페이지 디자인 패러다임'의 시대는 가고, '스크린 디자인' 혹은 '상황 디자인'의 새로운 패러다임이 등장했다는 인식이 보편화되어 가고 있다.

화면전환과 애니메이션은 또 다른 과제를 안겨 준다. 여러분은 '스스로 시스템을 복구하는 AJAX 화면전환'에 대해 문자로 기술할 수 있는가? 필자가 이 개념에 대해 할 수 있는 최선의 텍스트적 설명은 '두어 번의 의도적인 손동작을 취하면 마술봉을 휘두르는 것과 같이 화면전환 효과가 시뮬레이션되는 것'이다. 이처럼, 텍스트적인 설명으로는 화면전환 방법과 애니메이션 효과에 대해 정확히 설명할 수 없다. 오히려 의문점만 더 많이 생성할 뿐이다.

AJAX와 RIA 기술이 점점 더 다양화되고 발전할수록, 디자인 커뮤니케이션 도구로서의 프로토타이핑의 가치와 필요성은 극적으로 높아질 것이다. 실제로, 필자는 프로토타이핑이 성공적인 디자인을 위한 필수 사항이라고 생각한다.

프로토타이핑은 커뮤니케이션 오류가 발생할 가능성을 줄여준다

60장 가량의 디자인 요구 사양서를 준비하자. 그리고 15명의 사람을 모아 각각 요구 사양서를 읽게 하자. 그 다음에, 그들에게 여러분이 요구 사양서에 어떤 내용을 표현했는지에 대해 물어보자. 아마도 여러분은 해당 디자인에 대한 15개의 각기 다른 해석을 들을 수 있을 것이다. 같은 일이 200장 가량의 요구 사양서 해석 이후에 일어난다고 상상해보라. 아마도 상황은 더욱 나빠질 것이다.

   프로토타입은 디자인과 시스템에 대한 보다 명확하고, 매우 구체적인 표현 방법이다. 프로토타입은 사람들에게 손에 잡히는 '경험'을 제공해준다. 필자의 회사가 요구 사양서 위주의 디자인 프로세스에서 프로토타입 위주의 프로세스로 전체적인 작업 흐름을 바꿀 때, 불필요한 재작업과 커뮤니케이션 오류가 눈에 띄게 감소하는 것을 경험할 수 있었다. 60~80퍼센트에 머물렀던 디자인 해석 능력이 90퍼센트 이상으로 훌쩍 뛰어올랐다. 또한, 프로토타입을 제작하는 데 요구되는 시간이 와이어프레임에 주석을 상세히 달고, 요구 사양서를 탄탄히 만드는 데 투입하는 시간과 노력보다 훨씬 적다는 것도 깨달았다. 그리고 텍스트 기반의 문서가 프로토타입보다 오해의 소지를 많이 남기는 것도 발견할 수 있었다.

- 그 어느 누구도 60~200장에 달하는 요구사항을 읽고 싶어하지 않는다. 재미라곤 눈곱만큼도 찾아볼 수 없기 때문이다.
- 사람들이 그 문서를 읽기 싫어한다면, 여러분은 그들이 그 문서를 100퍼센트 완벽하게 이해하리라고 절대 기대해서는 안 된다.
- 텍스트 기반으로 제작된 문서들은 여러분에게 '전체적인 그림'을 그릴 수 있게 도와주지 못한다. 대신 한 줄 한 줄 설명 사항들을 읽어 내려가는 것만 허용할 뿐이다.
- '단어'들은 한 가지 뜻으로만 해석되지 않는다. 따라서, 다양한 해석들이 존재할 가능성이 높다.

반대로, 프로토타입은 오해를 줄일 수 있는 장점을 지니고 있다.

- 시스템 전체가 어떻게 작동해야 하는지에 대해 글을 읽는 것이 아니라, 온몸으로 경험할 수 있다.
- 프로토타입은 기본적으로 디자인을 '실제 구현해 보는' 것을 가장 중요하게 생각한다. 프로토타입을 이용해 디자인을 구현하고 동작해봄으로써 다른 사람들에게 디자인을 더욱 쉽게 이해시킬 수 있다.

프로토타이핑은 시간, 노력, 비용을 효과적으로 절약한다

"우리는 프로토타입을 만들 시간이 없어."
"프로토타입을 꼭 제작해야 하나요?
프로토타입에 투자할 예산이 없어요."

여러분은 클라이언트나 상사로부터, 혹은 개발자나 동료 디자이너 들로부터 이런 종류의 언사를 몇 번이나 들어봤는가? 필자는 수십 번 그들과 이 이슈를 두고 논쟁을 벌였다. 솔직히 말하면, 그들에게 있어 프로토타이핑은 별로 매력적이지 않다. 앞서 말했듯이, 프로토타이핑은 공짜가 아니기 때문이다. 그러나 그 비용은 프로토타이핑이 가져 올 장점들과 긍정적인 효과를 본다면 안 하는 것보다 충분히 지불할 만한 가치를 지닌다.

디자인이나 소프트웨어 개발 과정에서 프로토타이핑 과정을 경험해 본 사람과 대화를 나누어보라. 프로토타이핑을 하지 않았을 때와 비교하여 프로토타이핑을 시행했을 때에 그들의 두통과 시간이 얼마나 많이 감소했는지에 대한 칭송을 들을 수 있을 것이다. 프로토타이핑은 사람들로 하여금, 단순히 빠르게 디자인을 경험하고 이해할 수 있게 하는 역할뿐만 아니라, 궁극적으로는 디자인 및 개발 프로세스에서 발생하는 자원의 낭비를 감소시키는 역할도 한다.

프로토타이핑은 자원의 낭비를 감소시킨다

전통적인 디자인 및 개발 프로세스에서는, 텍스트 기반으로 작성된 요구 사양서가 디자이너나 개발자에게 주어졌다. 실무자들은 그 사양서를 해석하고, 자신들의 해석을 바탕으로 무언가를 만들어내곤 하였다. 원리적으로만 따졌을 때, 요구 사양서 기반의 디자인 프로세스를 진행할 경우, 자원의 낭비는 반드시 제거될 수밖에 없다. 모든 내용은 관련 실무자들을 하나의 페이지에 집중하게 하기 때문이다. 만약, 사양서를 읽은 모든 이들이 '동일한' 이해도를 가진다면, 자원의 낭비는 줄어들 것이다. 멋지지 않은가?

위 방법은, 이론적으로 아주 괜찮은 아이디어로 보일 수 있다. 그러나 경험해보면 알 수 있겠지만(이론과 실제는 다르다), 요구 사양서 위주의 디자인 프로세스는 아래 기술한 사항들을 포함한 여러 단점들을 지니고 있다.

1. 부적합한 문서 작성자로 인한 커뮤니케이션 문제

요구 사양서를 작성할 때 디자이너와 개발자들은 대체로 참여하지 않는다. 대신 비즈니스 애널리스트나 그에 준하는 직군의 사람들이 작성자로 참여하는 경우가 많다. 이들의 전문 분야는 디자인이나 IT 분야와 거리가 먼 경우가 많아, 제반 분야에 걸친 지식의 이해도가 떨어진다. 그래서 요구 사양서는 여러 번에 걸쳐 수정되는 경우가 많다.

2. 상당한 시간과 노력의 소요

요구 사양서를 작성하고, 리뷰하고, 재작성하는 데에는 어마어마한 시간과 노력이 필요하다. 복잡한 시스템에 대한 문서를 작성할 때, 작성 기간이 최소 3개월에서 최장 9개월까지 소요되는 것을 경험한 적이 있다. 게다가 그 기간 동안 문서상에 여러 변화들이 생길 수도 있음을 간과할 수 없다.

3. 끝나지 않는 수정, 또 수정

이론적으로는, 개발자에게 주어지는 요구 사양서는, 최종적으로 내용이 확정된 문서이어야 한다. 그러나 현실 세계에서는 '최종판'이 나온 후에도 지속적으로 수정사항들이 업데이트된다.

4. 잘못된 해석으로 인한 오해, 오류 상황 발생

60~200쪽 정도 분량의 요구 사양서로부터 발생하는 오류 상황은 실로 엄청나다. 이런 오류 상황들은 결국 최종 제품 및 서비스 출하 시점을 연기시키는 주요 원인이 된다.

5. 중요도가 떨어지는 항목에 대한 설명들

요구 사양서에는 이따금씩 중요도가 떨어지는 항목들에 대한 설명이 잔뜩 수록되는 경우가 있다. 실무자 입장에서는 사양서에 나와 있는 작은 항목이라도 하나도 빼놓지 않고 개발을 해야 한다. 따라서, 이런 항목들은 실제 구현, 테스팅 과정 전체에 있어 시간과 노력의 누수 원인이 된다. 또 이렇게 공들여 만들어 낸 것들이, 실제 상황에서는 아예 사용되지 않는 경우도 발생할 수 있다.

6. 뒤늦은 실수 발견

요구 사양서 기반의 프로세스에서는 대개 개발 작업이 시작되기 전에는 실수를 잡아내지 못한다. 이미 개발이 끝난 상황에서 발견한 실수를 수정하는 데에는 더 많은 비용이 들어간다.

위에 기술한 모든 사항은 시간과 노력을 낭비할 여지를 준다. 통상적으로, 요구 사양서 위주의 프로세스에서는 위의 이슈들이 복합적으로 작용하여 상당한 비효율과 낭비가 발생한다. 이와 반대로, 프로세스 내에 프로토타이핑을 실시할 경우에는, 소모적인 자원의 낭비를 막을 수 있다는 장점과 함께, 아래와 같은 추가적인 이점도 누릴 수 있다.

1. 적임자에 의한 의사결정

디자이너와 개발자들이 그들의 경험과 지식을 교류하며 프로세스를 진행하고, 디자인 관련 의사결정이 필요할 시, 적임자들로부터 확실한 결론을 이끌어 낼 수 있다.

2. 가장 적합한 아이디어 발굴

다양한 아이디어들을 창조하고, 테스트하면서 해당 소프트웨어의 목적에 정확하게 부합하는 가장 강력한 아이디어를 찾아낼 수 있다.

3. 수정 사항의 빠른 적용

프로토타입은 콘텐츠의 내용을 빠르게 수정하고 업데이트할 수 있어, 끊임없이 변화를 추구해야 하는 소프트웨어 개발 작업의 특성을 잘 뒷받침해 준다.

4. 해석상의 오류 최소화

프로토타입은 시각적이며, 때로는 물리적인 시스템의 표현 도구다. 따라서, 문자로 빼곡히 덮인 60~200쪽 분량의 문서보다 훨씬 오해의 소지가 적다. 해석상의 오류를 감소시킴으로써, 여러분은 어마어마한 재작업량을 감소시킬 수 있게 된다. 또한, 비용 절감 및 시장 출시까지 걸리는 시간도 함께 단축시킬 수 있다.

5. 목적에 부합하는 디자인

프로토타이핑은 본래 목적에 좀 더 초점을 잘 맞춘 제품을 만들 수 있게 해 준다. 작업의 목적에 초점이 제대로 맞추어진 제품은 디자인, 개발 그리고 재작업량에 들어가는 낭비가 적기 마련이다.

6. 실수의 조기 발견

프로토타이핑은 디자인과 개발 과정 중에 발생할 수 있는 실수를 빠르게 찾아내도록 도와준다. 실수를 빨리 찾아낼수록, 문제 상황을 수습하는 데 비용은 절약될 것이다.

7. 위험 요소 감소

프로토타이핑은 오류 사항을 감소시키고, 디자인 및 개발 프로세스 상의 문제점을 조기 발견할 수 있게 도와줌으로써, 결과적으로 전체 작업의 위험 요소들을 감소시킨다.

프로토타이핑이 요구 사양서 위주의 프로세스에서 발생하는 골치 아픈 문제를 전부 다 해결하지는 못한다. 그러나, 프로토타이핑은 통상적인 프로세스에서 발생할 수 있는 비효율과 낭비 요소들을 줄이는 데는 확실히 기여한다.

프로토타이핑은 실제 가치를 제공해준다

조너선 베이커-베이츠Jonathan Baker-Bates는 프로토타이핑을 실시하면서 측량할 수 없을 만큼 많은 이익이 발생한다는 것을 온몸으로 체험했다. 조너선은 영국에 위치한 전형적인 디자인 소프트웨어 개발 컨설팅 회사에 근무하고 있다. 그의 팀에게는 평균적으로 200여 쪽 분량의 요구 사양서가 주어졌다. 그와 팀 동료들은, 늘 이 요구 사양서에 의존하여 작업을 진행해 왔다.

   최근, 조너선의 회사는 전체적인 작업 프로세스를 '프로토타이핑 중심'으로 바꾸었다. 200여 쪽에 달하는 요구 사양서 대신, 그의 팀원들은 고충실도High-fidelity의 프로토타입과 16쪽짜리 설명서를 전달 받았다. 프로세서의 중심축이 바뀐 이후, 그의 회사는 괄목할만한 개선점들을 목격할 수 있었다.

- 프로토타입과 16쪽짜리 설명서를 만드는데 걸리는 시간과 노력이 200쪽짜리 요구 사양서를 작성하는 것에 비해 현저히 적게 든다.
- 개발에 걸리는 시간과 비용에 대한 예측이 50% 이상 정확해졌다.
- 개발팀에 들어오는 수정 요청의 양이 80% 가까이 줄어들었다.
- 전체적인 재작업량과 출시 전 교정해야 할 버그 건수가 프로토타

이핑 실시 전과 비교하여 25%까지 감소하였다.
- 이전의 요구 사양서 위주의 프로세스보다 디자인에 대한 이해도가 높아졌음에 대해 팀의 모든 구성원들이 동의하고 있다.

조너선의 사례가 그리 특이한 경우라 하기는 힘들다. 이 책의 집필 과정에서 인터뷰했던 수많은 사람들이 동일한 내용의 이야기를 들려주었다. 그리고 필자와 함께 프로토타이핑을 진행했거나, 워크숍을 함께 했던 사람들도 입을 모아 조너선과 같은 결론을 내린다. 집필 과정의 일환으로 진행했던 연구 조사에서도 동일한 결과를 얻었음은 물론이다.

사례 연구 | 제한된 예산과 일정이 다급한 시점에서의 프로토타이핑

컴퓨터 게임 개발자들을 위한 소셜 웹을 디자인하고 구축하는데 우리 팀원에게 주어진 시간은 4개월 안팎이었다. 우리에게는 강력한 시각 디자인 콘셉트와 넓은 분야에 걸친 콘텐츠, 그리고 다양한 기능 요구사항이 주어졌다. 그리고, CMS^{Content Management System}을 구축하기 위해 하나의 개발팀이 꾸려졌다. 하지만 주어진 예산은 너무나 적었고, 프로젝트의 범위에 있어 불확실한 것들이 너무나 많았다. 게다가 이번 프로젝트는 그 클라이언트와의 첫 작업이었다. 우리의 클라이언트는 많은 분량의 문서(대개, 이런 유의 프로젝트를 진행하게 되면 대략 200쪽 정도 분량의 문서를 분석해야 한다)를 안겨주는 사람들은 아니었다. 우리는 팀원 모두를 프로세스의 초반부터 명확하게 과업을 분석하고 작업에 임하게 할 필요가 있었다.

디자인 단계의 첫날부터 우리 팀은 전력을 다해, 전체 사이트의 구조를 보여줄 수 있는 HTML 프로토타입을 만들기로 결정했다. 프로토타입의 지속적인 업데이트와 보수작업에는 Axure를 이용했다. 이 작업을 통해서, 우리는 주요 요구사항 계층구조의 디테일한 부분까지 프로젝트에 관여된 모든 사람들(CEO나 다른 CMS 관리자들)이 보고 이해할 수 있기를 바랐다.

물론, 프로토타입이 모든 것을 보여주지는 못했다. 따라서 비기능적 요소들, 몇 가지의 케이스별 스크린들, 그리고 따로 생성되어야 했던 예외 상황에 대해서는 별도로, 약 20쪽 분량의 짧은 설명 문서를 제작하였다. 이 설명서를 제작할 때, 유일하게 원칙으로 삼은 것은, '프로토타입으로 이해가 불가능한 것들에 한해서만 기술한다'라는 것이었다. 이 원칙은 중복적이거나 과도한 업무 발생을 피하고, 설명서가 초점을 잃지 않도록 하기 위한 중요한 장치였다.

우리 팀이 목격한 첫 번째 성과는, '서론적인' 커뮤니케이션과 토론 시간을 획기적으로 줄일 수 있었다는 점이다. 프로토타입을 본 사람들은 금세 우리 팀이 시도하고자 하는 디자인에 친숙해질 수 있었다. 이로 인해, 통상적으로 서론적인 설명에 썼던 시간을 디테일에 관해 논의하는 시간에 투입할 수 있었다. 프로토타입은 우리에게 여러 가지 이점을 선사해주었다.

첫째, 전체 개발 기간에 대한 예측이 매우 정확해졌고, 둘째, 전체적인 디자인 관련 문제점에 대한 커뮤니케이션이 현저히 줄었다. 통상적인 발생 건수에 비해 80% 이상 줄어들었다. 또한, 시스템 디자인 통합과 테스팅을 개시한 후의 상황이 더욱 매끄러워진 것도 장점으로 꼽을 수 있다. 버그와 필수 요구사항에 대한 오류 리포팅이 25% 이하로 떨어졌기 때문이다. 예산과 프로젝트의 범위가 여전히 어려운 변수로 남아 있었다. 그러나 우리는 프로토타이핑으로 우리의 구상안을 클라이언트와 공유하고, 빠르게 클라이언트의 피드백을 반영할 수 있었다.

우리에게 있어서, 이 접근 방식은 대단히 성공적이었다. 그러나 나는 독자들에게 모든 프로젝트는 각기 다른 특성이 있다는 것 또한 강조하고 싶다. 그리고 프로토타이핑도 언제나 '최고의 테크닉'이 아닐 수도 있다는 점을 상기시켜주고 싶다. 우리 팀 역시, 메인 사이트의 성공적인 구축 이후, 유지보수를 위해 다시 전통적인 요구 사양서 기반의 프로세스로 돌아갔기 때문이다. 그러나 확실한 것은, 프로토타이핑 과정이 없었다면, 우리는 이 '메인 사이트'를 절대로 만들어낼 수 없었을 것이라는 사실이다.

-조너선 베이커-베이츠 Jonathan Baker-Bates

요약

프로토타이핑은 실제로 여러분의 개발 기간을 수개월에서 혹은 수년 단축할 수 있다. 더 이상 망설일 이유가 없지 않은가? 이제 여러분은 프로토타이핑의 가치에 대해 알게 되었다. 따라서, 여러분의 고객과 경영진에게 프로토타이핑을 시행해야 할 이유를 충분히 피력할 수 있어야 할 것이다. 아래의 키포인트를 다시 한 번 숙지하자.

- 프로토타이핑은 창의적이다.
- 프로토타입은 '보여주기'와 '말하기'를 통해 커뮤니케이션 한다.
- 프로토타이핑은 시간과 노력, 그리고 비용을 절감시킨다.
- 프로토타이핑은 빠른 피드백 순환 구조를 생성하여, 궁극적으로는 프로젝트의 위험 부담을 줄여준다.

다음 장에서는 필자가 사용하는 빠르고 반복적인 프로토타이핑 프로세스에 대해 살펴볼 것이다.

CHAPTER 2

프로토타이핑 프로세스

디자인 스튜디오의 부재 24
프로토타이핑 프로세스는 어떤 단계들로 이루어져 있는가 25
요약 41

> 건축과 제품 디자인에 프로토타이핑은 필수적이다. 하지만, 소프트웨어 개발에 있어서는, 상황에 따라 필요치 않을 수도 있다.
>
> —앤더스 람제이 Anders Ramsay

프로토타이핑은 건축이나 제품 디자인과 같은 디자인 분야에서는 매우 보편적인 방법론이다. 그냥 사람들에게 쉽게 받아들여지는 수준이 아니라, '당연히 해야 할 것으로' 인식되는 방법론이다. 소프트웨어 개발에서도 프로토타이핑을 도입해볼 수 있지 않을까? 소프트웨어 개발과 건축, 그리고 제품 디자인 간에는 여러 공통점이 있다. 아래는, 이 세 가지 분야가 가지고 있는 공통점에 대해 약술한 것이다.

- 세 분야는 모두 '디자인 프로세스'를 거친다.
- 디자인 커뮤니케이션을 위한 수작업이 이루어진다.
- 세 분야의 디자인 결과물은 결국 실재하고, 경험하고, 사용할 수 있는 형태로 완성된다.

필자의 주관적인 생각에 비추어 볼 때, 소프트웨어 개발에 있어서 작업의 초점은 '디자인'보다는 '개발'에 치중되어 있다. 업계 역시, '소프트웨어 개발'이라는 명칭으로 작업을 정의하지, '소프트웨어 디자인'이라는 용어를 사용하지 않는다.

소프트웨어 분야에 디자인 개념이 보편화되지 못한 첫 번째 이유로 소프트웨어 개발에 있어 디자인은 뒷전으로 밀리는 경우가 왕왕 발생한다는 점을 꼽을 수 있다. 테크놀로지나 프로그램 성능 자체에 치중할 뿐, 디자인에는 그다지 비중을 두지 않는다. 그러나 건축이나 제품 디자인의 경우, 작업의 초점은 '디자인'에 있다. 형태가 기능을 따른다는 인식이 지배적이기 때문이다.

  두 번째 이유로, 소프트웨어 개발이 '기계적인 작업'이라는 고정관념을 꼽을 수 있다. 이에 반해, 건축과 제품 디자인 분야의 경우 자연스럽게 '공예 작업'으로 인식한다.

  이렇게 각기 다른 접근이 이루어진 것은, 각 분야가 어떤 교육 분야로 분류되었는가도 한몫했으리라 추측해 볼 수 있을 것이다. 컴퓨터공학과는 학생들에게 테크놀로지를 가르치는 것에 중점을 두고, 건축 및 제품 디자인과는 디자인 원리와 '디자인 스튜디오'라 불리는 실기 수업에 집중하여 학생들을 가르치기 때문이다.

디자인 스튜디오의 부재

건축계와 제품 디자인계에 있어, '디자인 스튜디오'는 단순히 작업 장소만을 뜻하지 않는다. 디자인 스튜디오는 '작업 프로세스'를 포괄한 더 큰 개념이다. 디자인 스튜디오 프로세스는 모든 저명한 건축학과와 제품 디자인과의 교육 과정에서 매우 비중 있게 다루고 있다. 하지만 컴퓨터 공학 수업에서 '디자인 스튜디오'라는 과목명은 눈 씻고 찾으려야 찾을 수 없을 것이다.

  디자인 스튜디오 수업에서, 여러분은 동료들과 함께 프로토타입을 제작하고, 프레젠테이션 하는 법을 배울 수 있다. 동료들이 여러분의 디자인을 평가하고, 강점을 더욱 발전시킬 아이디어들을 함께 토론하며, 추가적인 작업이 필요한 부분을 찾아낸다.

디자인하고, 프레젠테이션하고, 평가하고, 함께 고민하면서 여러분은 협력적이고, 빠르며, 순환적인 디자인 프로세스를 경험할 수 있다. 이 프로세스를 경험하면서, 여러분은 아이디어를 동료들과 공유하고, 동료들의 성공과 실패 사례도 함께 나눌 수 있다. 디자인 스튜디오는 건축 및 제품 디자인에 있어 가장 중요한 과정이다. 여기서 프로토타이핑은 디자인 스튜디오 프로세스의 가장 핵심적인 파트다. 따라서 디자인 분야의 학생들은 디자인 스튜디오 수업 시간을 통해 프로토타이핑에 대해 접하고, 관련 기술을 습득하기 때문에 실전에서도 무리 없이 프로토타이핑 프로세스를 진행할 수 있다. 그들에게는 이미 매우 익숙하며, 보편적인 툴이기 때문이다.

프로토타이핑 프로세스는 어떤 단계들로 이루어져 있는가

설명을 시작하기 전, 한 가지 확실히 해둘 것이 있다. 첫째, '최고'의 프로토타이핑 프로세스는 존재하지 않는다. 하나의 공식처럼 적용할 수 있는 최고의 프로토타이핑 프로세스는 존재하지 않는다. 그런 단순한 공식은 코카콜라에나 적용할 수 있을 뿐이다. 어떤 프로토타이핑을 하든 경험 속에서 축적된 신뢰할만한 원칙들이 우리를 인도한다.

둘째, 어떤 종류의 프로토타이핑 프로세스를 실시하든, 프로세스는 '수단'일 뿐 '목적'이 아니라는 점을 잊어서는 안 된다. 프로토타이핑 중에 범할 수 있는 가장 흔한 실수가 프로세스를 진행하는 것에 너무 집착한 나머지, 프로젝트의 궁극적인 목적을 망각해 버리는 것이다. 프로세스에만 집중하게 되면 결코 최종 결과물이 성공적일 수 없다.

셋째, 바람직한 프로토타이핑 프로세스는 프로젝트 구조에 대한 유연성과 밸런스를 동시에 고려하여 진행해야 한다. 프로젝트의 유연성은 필요한 수정 사항들을 적시에 반영해야 하는 의사결정 단계에서 필요하다. 그리고 이러한 수정 작업을 실시할 때, 프로젝트 구조와의 밸런스를 유지해야 탄탄한 프로세스 진행이 가능하다.

넷째, 좋은 프로토타이핑 프로세스는 성과물을 만들어낸다. 따라서 제한적인 성과물을 목표로 프로세스를 진행하게 되면, 향후 새로운 미션이 생기는 시점에 새로이 프로세스를 재진행해야 할 필요가 생긴다.

스트라이다Strida의 접이식 자전거를 발명한 마크 샌더스Mark Sanders는 그가 접이식 자전거를 디자인했던 프로세스를 유튜브에 공개했다. 필자가 마크 샌더스의 동영상을 보며 발견한 몇 가지 통찰 포인트가 있다.

- 그는 아이디어의 '좋고 나쁨'을 따지지 않았다. 대신, 그는 가능성이 있다고 판단되는 모든 아이디어들을 스케치하여 구체화하였다.
- 스케치 작업이 마무리된 후, 그는 프로젝트의 '목적'에 기반을 두어 최선의 아이디어를 선별해냈다.
- 그에게 스케치는 아이디어를 요약해서 보내주는 방법일 뿐이다. 실제로 어떤 방식으로 아이디어들이 반영되어야 하는지에 대한 연구를 하기 위해서는, 모델링을 하거나 프로토타이핑을 해본다.
- 스케치는 본래 디자인을 수정하기 위한 매우 중요한 자료로 쓰인다.

동영상에서 마크 샌더스가 설명한 프로세스는 전형적인 프로토타이핑 과정이다. 대개의 프로토타이핑 프로세스는 네 가지 요소를 포함하고 있다.

- 스케칭
- 평가
- 모델링
- 테스팅

필자가 재직 중인 Messagefirst에서는, 마크 샌더스가 설명하고 있는 것과 유사한 접근이나, 약간 변형된 프로토타이핑 프로세스를 진행한다. Messagefirst의 프로토타이핑 프로세스는 디자인 스튜디오 교육 과정에서 일부를 응용하고, 평가 단계에서 '프레젠테이션과 공개 평가critique' 방법을 채용하고 있다. 따라서 아래와 같은 요소로 프로세스가 이루어진다.

- 스케칭(화이트보드, 페이퍼, 코딩)
- 프레젠테이션과 공개 평가(크리티크)
- 모델링(프로토타이핑)
- 테스팅

Messagefirst가 추구하는 디자인 프로세스 목표들 중 하나가 '빠른 반복과 진화'이기 때문에, 우리는 프로세스 앞단의 두 스테이지(스케칭, 프레젠테이션 및 공개 평가)에 많은 시간을 할애하지 않는다. 프로세스 전체의 소요 시간을 줄이고 여러 번의 반복 작업을 거침으로써, 전체 프로젝트가 더욱 활기를 띠게 할 수 있다. 이처럼, 짧은 프로세스 진행 사이클은 프로토타이핑의 생산성을 더욱 풍부하게 한다.

앞서 말한 것처럼, Messagefirst의 프로토타이핑 프로세스는 '반복 및 수정 친화적'으로 구성되어 있다. 스케치-프레젠테이션 및 공개 평가-모델링-테스팅의 단계를 1차적으로 밟은 후, 또 다시 스케치 단계부터 프로세스를 재개한다. (그림 2.1 참고)

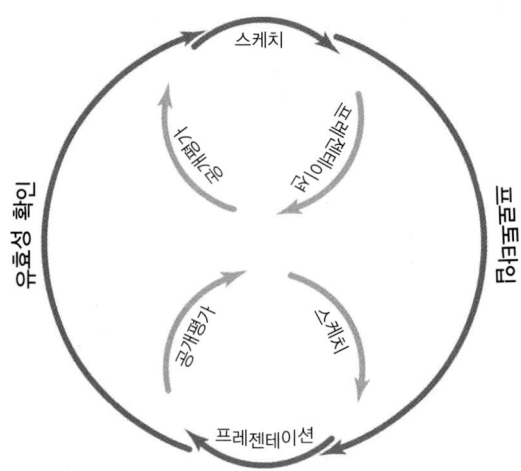

그림 2.1
반복적 디자인 및 공개 평가(크리티크) 프로세스를 표현한 다이어그램

위의 그림에서 여러분은 첫 두 스테이지-스케칭, 그리고 프레젠테이션 및 공개 평가-에 대한 무한 반복이 명시되어 있는 것을 쉽게 알아차릴 수 있을 것이다. 스케칭은 사실, 첫 스테이지에 국한되지 않고, 프로토타이핑 프로세스 전체에서 꾸준히 쓰인다. 프로토타입을 내·외부 클라이언트에게 설명하거나 프로토타입을 평가할 때, 우리는 스케치를 통해 의견과 수정사항을 공유한다. 지금부터 프로토타이핑 프로세스를 첫 단계인 '스케칭'부터 찬찬히 뜯어보자.

Part 1 스케칭 Sketching

스케치는 프로토타이핑의 생성 기반이 되는 단계이다. 스케치가 프로토타이핑의 본질 중 생산성과 연결되어 있는 부분이기에, 본 단계에서 여러분의 목표는 머릿속의 아이디어를 최대한 알기 쉽게, 그리고 손에 잡힐 수 있는 형태로 그려내는 것이다. 필자는 스케칭 단계에서 '시간 제한' 두기를 선호한다. 시간 제한이라는 강제 규칙은 프로세스 특정 아이디어 하나에만 구체화하는 폐단을 사전에 방지함으로써, 다양한 아이디어들을 더 빠르게 스케치할 수 있다.

스케칭 단계의 목적은 여러분의 아이디어를 '완벽하게' 표현해내는 것이 아니다. 아이디어에 대한 구체화 작업은 프로토타이핑 단계를 거치면서 진행할 것이다. 따라서, 이 단계의 과업은 많은 수의 디자인 콘셉트를 창출하고, 그것들을 종이 위로 옮겨서, 다음 단계로 진행할 준비를 하는 것이라 할 수 있다.

> **Tip** 질보다는 양!
>
> 스케치 작업에 임할 때, 아이디어의 좋고 나쁨에 대해서는 걱정할 필요가 없다. 스케치의 궁극적인 목표는, 아이디어를 펼치는 것에 있기 때문이다. 스케칭 단계에서는 스케치의 질보다 양이 더 우선시 된다. 아이디어의 완성도를 높이는 것은 다음 단계에서 할 일이다.

스케치는 통상적으로 거칠고, 미완성이고, 직관적인 형태로 진행된다. 그림 하나하나를 완벽하게 그리려고 노력하지 말자. 여러분의 머릿속에 있는 형이상학적인 아이디어를 끄집어내어 표현하는 것으로 족하다.

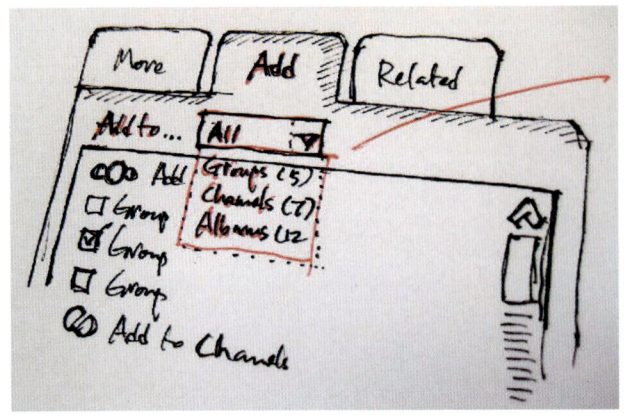

그림 2.2
Vimeo 비디오 브라우저 모듈의 스케치[1]

> **Tip** 속도 내는 것을 두려워하지 말 것!
>
> 여러분의 스케치 시간에 스스로 시간 제한을 설정하자. 필자는 한 스케치 단계당 10~30분을 사용하고, 다음 단계인 프레젠테이션 및 공개 평가로 넘어간다. 이런 시간 제한 조건은, 여러분이 디테일에 너무 관여치 않고 더 다양한 아이디어를 낼 수 있도록 도와주는 역할을 한다.

대부분의 스케치 작업들은 스케치보드 위에서 진행된다. 스케치보드는 특별한 형식 없이, 스토리보드를 구성할 수 있도록 여러 개의 빈칸들을 인쇄해 놓은 종이다. Messagefirst에서 주로 쓰는 스케치보드의 형식은 그림 2.3에서 볼 수 있다.

스토리보드와 스케치보드의 가장 큰 차이점은, 스토리보드는 하나의 '이야기'를 구성하는 화면들로 이루어졌다는 점이다. 스케치보드는, 이에 비해 별다른 이야기의 흐름 없이 아이디어만을 표현한다. 각각의

---

[1] www.flickr.com/photos/soxiam/2532060829

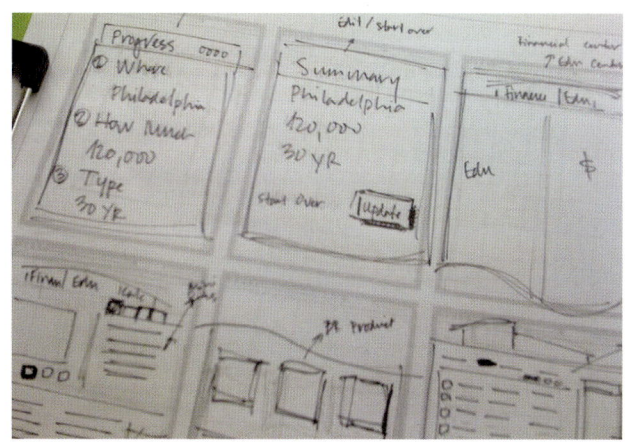

그림 2.3
여러 개의 화면 스케치를 한눈에 보여주는 스케치보드의 형식

아이디어를 어떻게 연계할지 여부는 중요치 않다.

> **Tip** 작은 공간에서의 표현 작업이 좋은 아이디어를 찾는 데 도움이 된다
>
> 여러 가지의 아이디어를 전개하는데 있어, 스케치보드는 매우 유용한 도구다. 스케치보드 같은 작은 공간에서의 표현 작업은 인터페이스의 '특정 부분'을 집중적으로 생각할 수 있게 해준다. 또한 스케치보드는 AJAX나 RIA를 이용한 디자인을 설명할 때도 활용할 수 있다.

대부분의 스케치 작업은 종이 위에 손으로 그리는 방식으로 진행된다. 하지만 가끔은, 화이트보드에 스케치를 하거나 짧은 코딩을 하는 경우도 발생할 수 있다. 스케치는 어떤 형태든, 여러분의 아이디어를 편안하게 표현해 낼 수 있는 매개체의 역할을 해야 한다. 그러면 코딩, 화이트보드, 그리고 종이를 이용한 스케치 방법이 줄 수 있는 각각의 장점과 단점에 대해 간단히 짚고 넘어가도록 하자.

CHAPTER 2 프로토타이핑 프로세스

코딩을 이용해 스케치하기

스케치 작업 자체는 사실 종이와 화이트보드에 그리는 것이 정석이다. 그러나, 개발자들은 종이나 화이트보드보다는 자신들이 가장 친숙한 매개체인 코딩을 이용하여 스케치를 하기도 한다. 디자이너들이 종이에 그림으로 요소들을 표현해나가는 것처럼, 개발자들은 코딩을 이용해 그림을 그려낸다.

  코딩을 이용한 스케치의 장점 중 하나는, 스케치를 곧바로 프로토타입으로 전환하는 것이 매우 용이하다는 것이다. 자바스크립트 라이브러리와, CSS 프레임워크, 그리고 루비온레일스와 같은 애플리케이션 프레임워크가 꾸준히 늘어나면서 코딩을 이용한 스케치 작업은 점점 더 쉬워지고 있다.

장점

- 다른 여러 도구들을 사용하는 것보다 코딩이 더 쉬운 사람들이 쉽게 스케칭 작업을 수행할 수 있다.
- 스케치에 생명을 불어넣을 수 있다. 실제로 스케치 작업물 자체를 동작시킬 수 있다는 것이 가장 큰 장점이다.
- 실제 구현 가능한 화면을 구성할 수 있다.

약점

- 모든 사람이 코딩을 할 수 있는 것은 아니다.
- 컴퓨터라는 도구가 반드시 필요하다.
- 종이나 화이트보드를 이용한 작업에 비해, 협력 작업을 전개하기가 용이하지 않다.

- 종이나 화이트보드를 이용한 스케칭 작업보다 훨씬 더 많은 시간이 소요된다.

화이트보드에 스케치하기

화이트보드를 이용한 스케칭 작업의 가장 큰 장점은 여러 사람들과의 공동 작업을 진행하기에 편하다는 것을 꼽을 수 있다. 화이트보드를 보고 작업물에 대해서 토론하고, 코멘트하고, 스케치에 수정 작업을 하는 것은 누구나 할 수 있을 정도로 쉽고 편하다.

장점
- 공동 작업에 매우 적합하다.
- 모든 사람이 스케칭 작업에 참여할 수 있다.
- 동시에 여러 사람이 하나의 아이디어 완성에 참여할 수 있다.
- 컴퓨터가 필요 없다.
- 스케치 수정이 매우 쉽다. 그냥 지우고 다시 그리면 되기 때문이다.

약점
- 코딩이나 종이 기반의 스케치에 비해 휴대가 용이하지 않다.
- 스케치 결과물이 정적이다.
- 어지럽게 낙서가 된 화이트보드에서 스케치 확정물을 찾아내는 것이 어려울 수도 있다.[2]

---

[2] 스케치보드를 사진으로 찍어서 문서화하거나, 스마트보드를 이용할 때 이런 어려움이 발생할 수 있다.

종이에 스케치하기

필자는 여전히 종이 위에 그림 그리는 것을 선호한다. 화이트보드가 공동 작업에 매우 유용하듯, 종이도 마찬가지다. 종이는 너무 가벼워서 들고 다니기 쉬운데다, 아무데나 펼쳐놓고 작업하는 것도 가능하다.

장점
- 공동 작업을 수행하기에 용이하다.
- 모든 사람이 종이에 그림을 그릴 수 있다.
- 동시에 한 명 이상이, 같은 스케치 작업에 참여할 수 있다.
- 컴퓨터가 필요 없다.
- 스케치의 수정이 용이하다. 종이 위에 덧대어 그려도 되고, 아예 다른 종이에 새로 그려도 무방하다.
- 언제, 어디에서나 작업 수행이 가능하다.
- 휴대가 매우 용이하다.

단점
- 정적인 화면만을 그려낼 수 있다.

Part 2 프레젠테이션과 공개 평가 Critique

'프레젠테이션과 공개 평가'는 명실공히 프로토타이핑 프로세스에서 가장 중요한 부분이다. 바로 이 파트에서 우리는 '질적'인 면에 집중하여 작업을 진행하게 된다. '프레젠테이션과 공개 평가'는 필자가 아직 학부생일 때, 그래픽 디자인 수업을 들으며 배운 기법 중 하나다. 비록 그래픽 디자인 수업 수강 후, 영문학과 인지심리학으로 전공을 바꾸긴 했지만, '프레젠테이션과 공개 평가'라는 작업을 통해 배운 소중한 교훈을 여전히 잊을 수가 없다.

    이 단계의 목표는, 이전 단계에서 펼쳐놓은 아이디어들 중에서 '최선의' 아이디어를 찾아내는 것이다. 이 과정에서, 여러분이 가진 콘셉트의 강점에 대해 프레젠테이션을 하고, 동료들은 추가적인 작업이 필요하다고 판단되는 부분을 찾아내는 방식으로 진행된다. 토론하고, 평가하고, 그리고 다음 작업으로 진행하는 것이 이 단계에서 이루어지는 전부이다. 공개 평가를 위한 프레젠테이션을 진행할 때, 종종 스케치 결과물을 그림 2.4처럼 벽에 붙여놓고 진행하기도 한다.

그림 2.4
디자인 스튜디오 공개 평가(크리티크) 과정 중 스케치 내용물을 프레젠테이션하고 있다.

프레젠테이션 및 공개 평가 가이드라인

짧게 하라

앞서 언급한 것처럼, 프레젠테이션과 공개 평가는 매우 타이트한 일정 중에서도 중점을 두어 진행해야 하는 과정이다. 프레젠테이션과 공개 평가에 할애되는 시간은 사실상, 스케칭 단계에 주어졌던 시간보다 훨씬 짧기 마련이다. 그래서 필자는 한 아이디어당 프레젠테이션 시간을 2~3분 정도로 제한하고, 더불어 공개 평가 시간도 3분 정도로 제약을 두어 진행하는 편을 선호한다.

프레젠테이션과 공개 평가 단계에 너무 많은 시간을 쏟지 않는 것이 매우 중요하다

필자 역시 이 가이드라인이 직관적으로 받아들이기 힘들다는 것은 인정한다. 그러나, 이전 단계인 스케칭 작업과 마찬가지로, 두 번째 단계의 목적 역시 빠르게 아이디어를 뽑아내고 다음 단계로 진행하는 것이다. 아이디어를 다듬는 작업은 나중에 하자.

하나의 콘셉트당 3분의 프레젠테이션으로 제한한다

3분이라는 시간 제한은 여러분으로 하여금, 아이디어의 가장 핵심적 강점에 집중할 수 있도록 도와줄 것이다. 그리고 만약, 여러분이 콘셉트를 설명하는데 2분 이하의 시간이 걸리는 정도라면, 그 아이디어에 어떤 문제가 있을 가능성이 있다고 판단할 수 있다.

공개 평가 시간은 2분으로 제한한다
여러분의 동료들은 2분 동안 하나의 콘셉트에 대한 공개 평가를 진행할 수 있다. 동료들은 주어진 2분의 시간 동안 두세 개의 강점과 한두 개의 개선이 필요한 포인트들을 제시해야 한다.

필기는 필수!
공개 평가를 통해 얻어진 모든 아이디어는 직접 스케치 작업 위에 적어 놓자. 스케치가 망가진다고? 괜찮다! 그저 스케치는 그림이 그려진 종이일 뿐이다. 열심히 받아 적은 동료들의 조언들을 바탕으로 여러분의 아이디어를 다듬는 것이 훨씬 더 중요하다.

Part 3 프로토타입

제3단계에 들어서면, 여러분의 손에는 스케치를 통해 끄집어 낸 아이디어와 동료들의 공개 평가에서 얻어낸 강력한 아이디어가 들려 있을 것이다. 이 재료로 여러분은 프로토타입 준비를 마친 셈이다. 프로토타이핑은 아이디어를 세부적으로 디자인에 반영시키고, 실제로 어떤 방식으로 작동할 수 있는지에 대한 고민을 시작하는 단계이다. 필자는 프로토타입 단계를 진행할 때, 아래의 몇 가지 사항에 대해 늘 고민했다.

- 나는 내 손에 익은 방법론이나 매개체를 사용하고 있는가?
- 나는 사용자로부터 얻고자 하는 바에 대해 효과적으로 커뮤니케이션할 수 있는 능력을 가지고 있는가?
- 내게 주어진 시간은 어느 정도인가?
- 어떤 수준의 충실도가 요구되는 작업인가?

CHAPTER 2 프로토타이핑 프로세스

이 단계에서 어떤 도구를 이용해 프로토타입을 만드는가는 중요치 않다. 필자는 주로 HTML이나 AJAX를 이용해 프로토타입을 제작해왔다. 또한, 주어진 상황에 따라 플래시, 키노트, 그리고 페이퍼 기반의 프로토타입도 제작해왔다. 이런 도구들로 작업한 것은 해당 프로젝트의 성격과 클라이언트들의 요구사항에 부응하기 위한 불가피한 선택이었다.

일단 프로토타입이 하나 완성되고 나면, 필자는 프레젠테이션과 공개평가를 반복하곤 했다. 클라이언트나 사용자를 대상으로 프로토타입을 프레젠테이션할 때도, 제2단계에서 적용했던 시간 제한 등을 포함한 룰을 동일하게 적용하였다. 제2단계와 제3단계의 가장 큰 차이점은, 프레젠테이션에 할애하는 시간을 조금 더 늘린다는 점이다. 그 외의 가이드라인은 모두 동일하게 유지했다.

Tip 전체적인 뷰로 작업하기

콘텐츠 기반의 프로토타입을 제작했다면 화이트보드나 스크린에 영상을 띄워 놓고 스케치를 진행하자. 이 과정은 전체적인 뷰에서 여러분의 프로토타입을 스케치할 수 있도록 도와준다.

Part 4 테스트

필자는 테스트의 유형을 크게 '클라이언트 테스팅'과 '사용자 테스팅'으로 나눈다.

클라이언트 테스팅 Testing with clients

클라이언트 테스팅은 제2단계로 다루었던 '프레젠테이션과 공개 평가'의 하이브리드 모델이라고 할 수 있다. 이 세션은 보통 1.5시간에서 3

시간 정도가 소요되는데, 프로토타입의 정교도에 따라 소요 시간은 늘거나 줄 수 있다.

클라이언트 테스팅을 진행할 때, 필자는 제2단계의 프로세스를 기본으로 삼고, 프로토타입의 요소 하나하나에 대해 토론하는 방식을 선택하였다. 또한, 수정 사항을 하나의 리스트 형식으로 정리하기보다는 스케치보드에 직접 스케치를 하거나 노트를 하는 방법을 선호했다. 이것을 '디자인 리뷰 세션'이라고 한다.

필자는 클라이언트와 함께 프로토타입을 수정해 나가는 것이, 관련 인력의 집중력을 극대화시킬 수 있다는 것을 경험했다. 단순히 리스트 형식으로 표현되는 수정 사항 리스트들은 오히려 오해의 소지를 많이 남긴다. 그러나 클라이언트 테스팅을 통해 즉시 스케치 작업을 진행한다면, 오해와 오역의 소지를 방지할 수 있다.

스케칭이라는 작업이 태생적으로 가지고 있는 '협업 친화적'인 특성 때문에, 클라이언트는 프로토타입을 보며 실무자들이 새로운 솔루션을 찾아내는 데 기여할 수 있다.

기본적으로, 필자는 프로토타이핑의 테스팅 단계에서 더 많은 스케칭은 장려하지만 언어로 표현하는 것은 지양한다. 실무자와 함께하는 디자인 리뷰 단계가 종료되면, 통상적으로 클라이언트들에게는 프로토타입 사본을 전달한다. 그리고 2~3일 정도의 시간을 주고, 클라이언트들이 실제로 프로토타입을 자유롭게 사용할 수 있도록 해 준다. 클라이언트가 실제 사용하면서 발견한 이슈들이나, 새롭게 더해지는 아이디어들을 취합한 리포트를 최종 제작에 반영하는 '랩업Wrap-up'으로 클라이언트 테스팅이 마무리된다.

최종 사용자 테스팅 Testing with End-User

최종 사용자 테스팅은 8~12명의 참가자와 5~6개의 시나리오를 오디오·비디오 분석 및 인터뷰 분석 등을 통해 검증하는 표준적인 사용성 테스트의 일부분이다. 상세한 내용은 Chapter 12 「프로토타이핑 테스트하기」에서 다룰 것이다. 사용자 테스팅이든, 클라이언트 테스팅이든, 테스트에서 도출된 피드백은 다음 단계의 프로토타입을 수정하거나 프로세스를 반복할 때 반드시 포함되어야 한다.

요약

이 장에서는 필자가 Messagefirst에서 사용하고 있는 프로토타이핑 프로세스에 대해 간략하게 훑어보았다. 이 내용이 프로토타이핑 방법론에 입문하는 여러분께 도움이 되기를 바란다. 또한 실무 경험자들에게도 전체적인 그림을 볼 수 있는 기회가 되었기를 바란다. 이 장의 내용을 통해 여러분들이 실제 프로토타이핑 프로세스를 진행할 때 반영할 수 있는 지혜들을 발견할 수 있었기를!

프로토타이핑은 '제품'이 아니라 프로세스다. 단지 제품을 만드는 과정에서 사용할 수 있는 도구와 같은 존재일 뿐이다. 따라서 아래의 사항들은 프로토타이핑을 실시할 때, 꼭 염두에 두어야 할 것이다.

- 스케칭은 프로토타이핑 프로세스의 가장 핵심적인 작업이다.
- 디자인 스튜디오 방식을 사용하여 스케칭, 프레젠테이션 그리고 공개 평가을 빠르게 반복적으로 실시하라.
- 질적인 부분은 나중에 신경 쓰자. 아이디어의 다양성에 집중하라.

이어지는 두 개의 장에서는 다섯 가지의 프로토타입의 형태와 바람직한 프로토타이핑 프로세스 진행을 위한 여덟 가지의 작업 원리에 대해 알아볼 것이다.

CHAPTER 3

프로토타이핑의 유형

유형 1: 커뮤니케이션 공유형   **45**

유형 2: 디자인 작업 중심형   **52**

유형 3: 내부 아이디어 교류형   **53**

유형 4: 사용성 테스팅   **55**

유형 5: 기술 구현 가능성 측정형   **58**

요약   **64**

이 책을 집필하기 전, 필자는 셀 수 없이 많은 종류의 프로토타입이 존재한다는 것을 깨달았다. 필자가 새로운 유형의 프로토타입을 발견하거나 새로운 용도를 발굴했다고 말할 수는 없다. 다만 동료 실무자들과의 토론을 통해 프로토타입에 대한 새로운 시각들을 정리하였다.

실무자들과 대화를 진행하다 보면, 늘 가장 먼저 대화의 핫토픽으로 떠오르는 것은 '프로토타입의 유형'이다. 예를 들어, 콘셉트 아이디어를 공유하거나, 내부적으로 아이디어를 어필하거나, 사용자에게 아이디어를 설득하거나, 그리고 기술적으로 어떤 점들이 구현 가능한지에 대한 검증을 할 때 각기 다른 성격의 프로토타입이 필요하기 때문이다.

UX 디자이너인 제드 우드 Jed Wood는 '스스로 자신의 디자인을 톺아보고 개선하기 위해 프로토타이핑하기'라는 디자인 작업 중심적인 관점을 이야기했다. 거기까진 생각하지 못했었는데, 아하! 하고 무릎을 쳤다. 왜 프로토타이핑인지에 대한 본질적인 부분을 상기시켜준 가치 있는 대화였다.

유형 1 : 커뮤니케이션 공유형

책의 앞부분에서 설명했던 것처럼, 공통의 커뮤니케이션 플랫폼은 해석의 오류를 줄여줄 수 있다. 프로토타입은 커뮤니케이션에서 공통적인 시각언어의 역할을 수행한다. 모든 프로젝트에는 다양한 관계자가 있기 마련이다. 프로젝트를 하면서 여러분은 실로 다양한 분야의 사람들을 만날 수 있다. 그중 더러는 기획자일 수도 있고, 어떤 사람들은 회사의 경영에 관여하는 사람일 수도 있으며, 예산을 관리하는 사람들도 엮여 있을 수 있다. 여기서 잊지 말아야 할 포인트는, 그들 모두가 자신의 '목적'을 '자신만의 언어'로 이야기하려 한다는 것이다.

　엔지니어와 마케터가 그룹이 되어 토론을 벌인다고 상상해보자. 그들의 대화는 성립하기 힘들다. 물론 두 사람 다 열심히 '이야기'는 하고 있으나, 대화라고 할 수 없는 상황이 펼쳐진다. 그들은 서로에 대한 이해가 부족하다. 서로 다른 종류의 언어로 이야기를 하기 때문에 말은 하고 있으나 의사소통은 원활히 진행하기 힘들다. 마찬가지로, 시각 디자이너와 인포메이션 아키텍트 그리고 사용성 전문가를 모아 놓고 관찰해보자. 한 손에 팝콘을 들고, 사이다 한 잔 갖다 놓고 느긋이 쇼를 즐겨보자. 재미 있는 광경이 펼쳐질 것이다!

　여러 종류의 '외국어'가 난무하는 상황을 어떻게 타개할 것인가? 종이나 화이트보드를 가져와서 간단하게 프로토타이핑 세션을 진행해보자. 디자이너와 개발자를 화이트보드 앞에 세워놓고 스케치를 하면서 아이디어를 공유하도록 해보라. 스케치는 굳이 예쁘고 완벽하게 그릴 필요가 없다. 그저 서로가 '전달하고자 하는 바'만 확실히 나타낼 수 있으면 된다. 하나의 디자인에 대한 서로의 아이디어에 대해 소통하고, 디자인 뒤에 숨겨진 기획의도를 공유하는 것이 목적이기 때문에 함께 협력하여 스케치를 해보자.

　협업의 도구로써 프로토타이핑을 사용하는 것에는 여러 이점이 있다. 첫째, 서로 다른 언어를 사용하는 그룹들 간에 커뮤니케이션의 장을 열 수 있다. 둘째, 관련 인력들이 서로의 그룹에 대해 이해하고 소통할 수 있는 기회를 제공한다. 그리고 무엇보다도 중요한 것은, 디자이너와 개발자들이 함께 작업을 진행하면서 서로의 아이디어들이 디자인 속에서 유의미한 관계를 구축할 수 있도록 도와준다는 점이다.

　디자이너와 개발자의 유대 관계가 성립되면, 바람직한 현상이 일어나게 된다. 디자이너는 개발자가 무언가 새롭고 기존의 영역을 벗어나는 시도를 해주기 원한다. 현존하는 기술을 응용해서 통상적인 프레임을 깨고, 자신의 디자인을 현실화시켜 줄 새로운 뭔가를 창조해주기를 기대한다('필요는 발명의 어머니'라면서 말이다). 따라서 디자이너는 개발자에게 디자인 시안 중, 기술적으로 '실현 가능한 것'과 '불가능한 것'을 구분하는 일을 요구할 수 있다.

개발자는 디자이너에게 기술적인 통찰을 제공하고, 디자이너가 '상상의 나래를 펼칠 수 있는 현실적인 범위'를 알려줄 수 있다. 따라서 디자이너들이 현실 감각에서 점점 멀어질 때, 개발자들은 체크포인트의 역할을 해낼 수 있다. 디자인에 현실성을 찾아주고 함께 해결할 수 있는 방법을 모색함으로써, 디자이너들이 논리적이고 이성적인 판단을 할 수 있도록 도와줄 수 있다.

> **Tip** 남들과 잘 어울리기
>
> 협업을 통한 프로토타이핑은 매우 훌륭한 팀 구축 활동이다. 디자이너들과 개발자들에게 프로토타입 제작을 실행토록 하면서 프로젝트 팀의 관계 구축을 잘 하도록 하는 방법도, 바람직한 팀 분위기를 조성하기 위한 접근이다. 협업을 통해 만들어진 프로토타입은 공동 커뮤니케이션 플랫폼으로서의 역할을 톡톡히 해낸다. 서로 다른 성격의 두 그룹이 함께 작업할 수 있게 함으로써, 디자이너들에게는 논리적인 사고를, 개발자들에게는 디자인적 사고방식을 심어주는 효과도 누릴 수 있다.

공동 커뮤니케이션 플랫폼으로서 프로토타입의 또 다른 장점은 조직 경계를 뛰어 넘는 소통을 가능하게 한다는 점이다. 회사가 커질수록 조직은 분화된다. 마케팅팀과 디자인팀이 서로 다른 층에서 작업하고, 개발팀 역시 별도의 공간에서 따로 떨어져서 일을 하게 된다. 조직이 더 발전하게 되면 아예 다른 건물로 팀들이 갈라져버린다. 그보다 더 커질 경우에는 다른 도시로 해당 부서가 이사를 가버릴 수도 있다. 극단적인 경우엔, 개발 용역을 인도, 러시아, 중국 등의 제3세계 국가에 맡기는 경우도 발생할 수 있음을 기억해야 할 것이다.

위와 같은 경우, 커뮤니케이션은 매우 큰 문제라 할 수 있다. 실제로, 오늘날의 비즈니스 커뮤니케이션은 협력 대상이 같은 건물이나 같은 시간대에 존재하지 않아도, 컨퍼런스 콜이나 인터넷 메신저 혹은 이메일 등의 매체를 통해 이루어지고 있다. 만약 여러분의 회사가 캘리포니아에 위치해 있고, 개발팀이 동유럽이나 아시아에 있다고 가정해보자. 여기에서 두 가지 이슈가 제기될 수 있다. 시차 문제와 언어 문제가 바로 그것이다. 그러나 이 두 가지 이슈 모두는 공동 커뮤니케이션 플랫폼인 프로토타입으로 해결할 수 있다.

프로토타입은 '말하기'가 아닌 '보여주기' 기반의 커뮤니케이션 플랫폼이기 때문에 언어의 장벽을 허물어뜨리는 데 큰 기여를 한다. 여러분은 개발팀에게 디자인이 어떤 기능으로, 어떻게 동작하는지에 대해 커뮤니케이션할 때, '말하기'에 시간을 쏟아 붓기보다는 '보여주기'에 더 많은 시간을 할애할 수 있다. 역으로, 개발팀에서는 기술적인 용어들을 사용해서 디자이너들에게 의견을 내놓기보다는, 실제 구현 상황을 보여주고 이해를 돕기 위해 프로토타입을 제작할 수 있다.

'보여주기'와 '말하기'를 목적으로 하는 프로토타이핑 방법론을 로버트 호크만 주니어 Robert Hoekman Jr.는 '프로토캐스팅 Protocasting'이란 용어로 규정한 바 있다. 팟캐스팅이나 스크린 캐스팅과 유사하게 스크린을 여러 개의 시리즈로 묶어냈다. 그는 옴니그래플 OmniGraffle을 이용해 핵심 부분의 시뮬레이션을 기록하여 프로토타입 시리즈를 완성하였다.

프로토커뮤니케이팅

프로토타입이 디자인의 인터랙션 방식이나 애플리케이션 전반에 대한 가장 강력한 설명 방법이란 것에는 그 누구도 이의를 제기할 수 없다. 프로토타이핑은 이해 관계자들에게 애플리케이션 구동 방법을 효과적으로 설명하거나 개발팀과 기술 구현 가능성의 범위를 협의하는 것보다 훨씬 더 큰 이점을 가지고 있다.

궁극적으로 프로토타입은 커뮤니케이션 도구다. 프로토타이핑은 마케팅 목적으로 사용될 수 있을 뿐만 아니라, 다수의 프로젝트 관련 조직 간의 커뮤니케이션 갭을 줄이는 데 훌륭한 공헌자가 될 수 있다. 또한 정적인 이미지나 단어밖에 표현할 수 없었던 아주 작은 요소들에 대해서도 아이디어를 섬세하게 공유할 수 있게 해 준다. 이렇게 적재적소에 적용될 수 있는 도구로서, 프로토타입은 디자인 프로세스의 한 부분으로 자연스럽게 녹아들 수 있다. 실전을 통해 좀 더 자세히 살펴보자.

RIA나 Web 2.0 스타일의 독립적인 인터페이스를 개발할 때, 하나의 스크린에서 표현되어야 하는 다양한 상태들의 세부 요소나 인터랙션 단계를 개별적인 이미지로 표현하기란 여간 힘든 일이 아니다. 나는 이런 경우에는, 표현되어야 할 인터랙션 효과들을 단계별로 쪼개어 하나의 스토리보드(어떤 단계를 거쳐 어떤 방식의 인터랙션이 이루어져야 하는지를 화면에 표현한 와이어프레임들)를 그려내곤 한다. 그리고 이 인터랙션에 관련된 사용 예시에 대한 자세한 설명을 디자인 설명 사양서(Design Description Document www.rhjr.net/ddd)에 옮기는 데 최선의 노력을 기울인다. 하지만 때로는, 이런 노력도 충분치 않을 때가 있다.

이 스토리보드에는 두 가지 문제점이 있다. 첫째, 이 그림들은 '클릭'이라는 액션 없이 다음 단계로의 진행에 대해 스크린 상태를 시각화하여 표현해야 한다. 두 번째 문제점은, 클라이언트에게도 '액션 없이' 스크린 상에서의 변화를 인지하도록 강요한다는 것이다. 물론 스토리보드는 인터랙션에 대한 설명 자체에는 매우 좋은 도구일 수 있다. 하지만 프로토타입은 '액션'을 동반하기 때문에 아이디어에 생명력을 불어 넣을 수 있어서, 스토리보드와 같은 정적인 이미지에서 설명할 수 없었던 많은 것들을 자연스럽게 이해할 수 있다.

나는 인터랙션 디자인과 관련된 작업을 할 때는 OmniGraffle이라는 프로그램을 이용한다. 이 프로그램은 '클릭' 액션에 대해 와이어프레임과 다이어그램이 반응하게끔 프로토타이핑하게 해준다. 이 프로그램은 쉽고 빠르게 기본적인, 저충실도의 '클릭 가능한' 프로토타입을 제작할 수 있게 해 줄 뿐 아니라, 언제든 프로토타입을 PDF 형식의 문서로도 변환하여 발행할 수 있다.

이런 방식의 프로토타이핑 프로그램은, 많은 사람들이 쉽게 실행시키고 만질 수 있는 프로토타입을 제작할 수 있게 해준다. 뿐만 아니라, Snapz Pro X(Mac)나 Camtasia (Windows)와 같은 비디오 레코딩 프로그램과 연동하여 프로토타입의 각 단계에서의 실제 사용 상황을 비디오로 녹화하여 기록으로 남길 수도 있다.

내가 이런 일련의 활동을 '프로토캐스팅'이라고 부르는 이유가 바로 여기에 있다. 프로토타입에서 표현되는 인터랙션들을 비디오로 기록하고, 그 위에 프로토타이핑 참가자들의 육성 코멘트도 함께 기록하기 때문이다. 프로토캐스팅은 기술적인 내용뿐만 아니라, 디자인 영역에 있어 향후 수정 사항에 필요한 아이디어도 함께 나눌 수 있게 해 준다.

프로토캐스팅은 스토리보드 상에서 표현할 수 없었던 단계별^{Depth} 인터랙션을 설명하는 데 환상적인 방법이다. 뿐만 아니라 사용성 리뷰를 실시하거나, 기타 방면의 크리틱(공개 평가)을 실시할 때에도 매우 유용하다. 그저 하나의 태스크에 대한 스크린의 구동 장면을 녹화하고, 그 위에 음성으로 크리틱을 덧붙이기만 하면 된다. 이 방법은 작업자가 사용자로 가장하여 사용성 테스팅을 실시할 때도 활용할 수 있다. 예를 들어, 프로토타입을 작동시켜보면서 각 해당 사항에 대한 코멘트를 사용자의 입장에서 남겨보자.

"저는 이 레이블^{label}이 무엇을 의미하는지 전혀 이해할 수가 없어요"라든가, "만약에 제가 이 버튼을 누른다면, 어떤 일이 벌어지나 한번 볼까요?" "앗! 이건 제가 원하던 정보가 아닌데요"라는 육성 코멘트를 녹음하며, 사용자 입장을 바꿔 프로토타이핑을 해보는 것도 충분히 가능하다.

OmniGraffle을 이용하면, PDF 형식의 프로토타입을 만들거나, 프로토캐스팅을 하는 데 매우 용이하기 때문에, 다른 작업에 집중할 수 있는 시간과 예산, 에너지가 생긴다. 결과적으로, 나는 프로토캐스팅을 아예 내 작업 프로세스에 포함시켜서 모든 일을 진행한다. 프로토타입을 제작하는 것이 디자인에 대한 청문회를 진행하는 것보다 훨씬 덜 수고스럽고, 와이어프레임만 가지고 진행할 때보다 훨씬 더 많은 가치를 창출해낼 수 있기 때문이다.

애플리케이션 전체와 복잡한 모든 유스 케이스들을 고충실도 프로토타입으로 만드는 대신 나는 반드시 설명이 필요하다 판단되는 부분들만 골라서 프로토타입을 만들고 프로토캐스팅을 실시한다. 물론, 제작 자체에 할애하는 시간이 매우 적기 때문에, 이런 접근 방식을 포용할 수 있는 범위는 아주 좁다. 한 화면에서의 인터랙션이나 특수한 경우의 스크린 디자인 정도다. 하지만, 이런 작은 노력으로 충분히 프로토타이핑의 이점을 누릴 수 있다.

무엇보다도, 프로토캐스팅은 나의 아이디어를 타인들과 공유하고, 공개평가를 받고 언어가 표현할 수 없는 많은 부분들에 대한 커뮤니케이션을 가능하게 해주는 값싸고, 빠르고, 노력이 거의 들지 않는 좋은 해결 방법이다.

원활한 커뮤니케이션은 성공적인 디자인 프로젝트 수행에 있어 필수적인 요소다. 프로토타입과 프로토캐스팅을 활용한다면, 적은 비용과 노력으로도 모든 관련 작업자들이 정확한 아이디어를 공유할 수 있다.

—로버트 호크만 주니어, www.rhjr.net, www.miskeeto.com

유형 2 : 디자인 작업 중심형

재디자인 re-design 작업에는 '스파 spa'형과 '메이크오버 makeover'형으로 구분되는 크게 두 가지 모형이 있다.

'스파'형은 말 그대로 여성이 하루 정도 스파에 휴식을 취하러 온 것처럼, 본래 얼굴에 생기를 되찾아주는 방식의 재디자인 작업 형식을 뜻한다. 본디 콘텐츠를 기반으로, 그 위에 새로운 요소들을 첨가하거나, 기능을 조금 더 업그레이드를 시키거나, 몇 가지 요소를 고치는 정도이다. 결과적으로는 콘텐츠의 구조나 전체적인 디자인 분위기는 크게 바뀌지 않는다. 조금 더 정리되는 정도랄까.

'메이크오버'형은 이와 반대로, 콘텐츠의 구조와 디자인 콘셉트 자체를 뒤집는 환골탈태형 작업이다. 기존의 형식을 뒤집어 새로운 아이디어를 새로운 디자인 콘셉트와 함께 적용시킨다. 사람에 비유한다면, 얼굴을 완전히 바꾸고 살도 빼고 화장법도 새롭게 바꿔, 아예 친구들이 못 알아보는 상태까지 변화시키는 것이다. 이러한 시도는 늘 그렇듯, 화려한 변신이 되거나 화를 자초하거나, 둘 중 하나의 결과를 가져온다.

메이크오버 형의 재디자인 작업을 시작할 때에는 사전 테스트가 필수적이다. 여러 개의 서로 다른 디자인들을 적용시켜 보아야 하며, 구동 형태를 확인하고 다듬어 나가야 한다. 이럴 때는 디자인 요소들이 어떻게 작용하는지에 초점을 맞춘 프로토타입이 사용된다. 이 유형의 프로토타입은 각각의 디자인 요소들이 어떻게 움직이고, 어떻게 표현되며, 디테일들이 어떤 방식으로 보이는지에 대해 사전 테스트를 하기 적합하게 만들어진다.

유형 3 : 내부 아이디어 교류형

대부분 프로젝트들은 더 좋은 사용자 경험을 제공하려는 노력이 밑바탕에 깔려 있기 마련이다. 이러한 생각들을 시험해보기 위해, UX 컨설팅 회사인 Teehan+Lax는 최고의 UX 이노베이션을 추구하는 회사들에 투자하기 위해 UX 펀드를 조성하고, 투자를 받아간 회사들이 업계에서 어떤 활약을 하는지 관찰하기로 했다.

2007년 11월경 Teehan+Lax의 UX 펀드는 수익률이 39.5%에 달했다. 이 숫자 자체만으로도 상당히 큰 의미가 있다. 2007년 11월경의 시장 상황이 매우 안 좋았기 때문에 더 인상 깊은 숫자였다. 궁극적으로 '더 좋은 UX'를 위해 투자하는 것이 회사 입장에서 가장 믿을만한 선택이었다는 뜻이기도 하다.

필자는 몇 년 전, VoIP 제품의 첫 상용화에 관련된 프로젝트에 참여했었다. 사실상 필자에게는 이 프로젝트가 두 번째 VoIP 제품이었다(첫 번째 제품은 닷컴 붐의 희생양이 되어버렸으니까).

인터랙션에서 생기는 문제의 해결점을 찾을 때, 경쟁자들의 제품을 살펴보는 것이 통상적인 해결 방법이다. 또 다른 방법은, 같은 제품군의 제품들을 분석해보는 것을 꼽을 수 있다. (예를 들어, 휴대폰 - 사무실용 데스크폰 - 가정용 전화기 등) 그러나, 필자가 가장 좋아하는 방법은 직접 새로운 모델을 만들어 봄으로써 새로운 인터랙션 방식과 문제 해결 방법을 찾는 것이다. 문제들마다 다양한 방법을 적용해야 하기 때문에 '최선의 솔루션'을 찾는 것은 무척 어려운 일이다.

앞서 말한, VoIP 제품을 예로 들어보자. 모든 전화에서 필수적으로 있어야만 하는 기능인 단축 다이얼에 집중하여 살펴보자. 통상적으로, 일반 전화기는 사람들이 단축 다이얼 번호를 한 번에 하나씩만 입력할 수 있게 되어 있다. 제한적인 스크린 사이즈를 가지고 있는 가정용 전화기나 휴대폰도 마찬가지요, 사무실용 데스크폰도 예외가 아니다. 하지만, 이 화면이 컴퓨터 스크린으로 넘어오게 되면 스크린 자체의 사이즈도 커질 뿐만 아니라, 사용자가 취할 수 있는 액션이 늘어나게 된다.

웹에 많은 수의 데이터를 저장하는 전형적인 방법은 여러 개의 입력창을 띄워놓는 것이다. 기술적으로는 가장 현실적이며 타당한 해결방법이다. 그러나 스크린 가득히 전화번호 입력창을 띄워놓는 것은 필자가 구상하고 있던 깔끔한 디자인에는 위배되는 것이었다. 그래서 필자는 새로운 아이디어를 생각해냈다. 화면에는 한 개의 입력창만 존재하고, 사용자의 필요에 따라 추가적인 입력창이 생성되는 방식이었다.

이 아이디어를 상품 기획자와 개발팀에게 그림 3.1과 비슷한 종류의 스케치를 보여주며 설명했다. 관리 부서에서는 이 아이디어에 대 찬성을 표했으나, 개발팀에서는 기존의 여러 입력창을 동시에 띄우는 방식이 훨씬 개발하기에 용이하다는 이유로 예전 방식 그대로 추진하고자 하였다. (다음 장에서, 이 아이디어가 어떻게 구현되었는지에 대해 설명할 것이다.)

내부적으로 여러분의 아이디어를 설명하고 이해시킬 때, 프로토타입은 기술적인 구현 가능성과 아이디어 자체의 가치를 가장 잘 어필하는 도구로서 자기 역할을 한다. 몇몇 경우에서는, 프로토타입을 통해 프로젝트 관리자가 개발팀에게 구현 방식을 지시하는 경우도 있다.

> **Tip** 백문이 불여일견 百聞 不如一見
>
> 단순히 아이디어에 대해 말로만 설명하지 말고, 새로운 디자인 솔루션을 보여주라. 새 아이디어를 위한 간단한 프로토타입을 만들어, 다른 팀 멤버들에게도 보여주고 피드백을 받

자. 이런 방식으로, 여러분은 내부적인 의사결정을 돕는 도구로 프로토타입을 사용할 수 있다.

그림 3.1
새로운 입력창 생성에 대한 아이디어를 보여주는 스케치

유형 4 : 사용성 테스팅

앞서 언급했었던 VoIP 제품으로 다시 화두를 돌려보자. 이 프로젝트에서 가장 먼저 해야 했던 일은 개발팀을 '우리 편'으로 만드는 것이었다. 기획진에서 내놓은 아이디어에 대한 개발팀의 신뢰도가 낮았기 때문에, 우리는 사용성 테스트를 실시하기로 결정했다. 사용성 테스트를 통해서 기획진의 아이디어가 유용한지에 대한 실질적인 데이터를 보여준다면, 개발팀의 마음을 돌려놓을 수 있을 거라 생각했다. 만약 사용성 테스트가 성공적이라면, 그 데이터를 바탕으로 관리팀과 개발팀 모두에게 강한 의견을 피력할 수 있을 것이다. 반대로, 테스트의 결과가 부정적이라면, 기획진은 빠르게 또 다른 디자인을 새로 만들어내야 한다.

테스트 실시에 앞서, 필자는 사용자들이 가변적인 입력창 모델에 대해 좋은 반응을 보일 것이라는 확신이 있었다. 하지만 이런 확신은, 필자의 직관에만 의거한 것이었기에 "이 아이디어가 옳다"고 강한 주장을 펼칠 수는 없었다. 그래서 '기술 친화도가 높은 사용자'와 '기술 친화도가 낮은 사용자'의 두 그룹의 테스트 참가자 집단을 구상했다.

> 와이어프레임만으로는 "오! 이거 정말 멋진걸!"이라는 반응을 이끌어낼 수 없다. 나는 와이어프레임을 가지고 단 한 번도 사용자가 감탄하는 것을 본 적이 없다.
> - 어댑티브 패스의 데이비드 버바 David Verba

우리는 페이퍼 프로토타입을 제작한 뒤, 8명의 참가자를 상대로 두 가지 형태의 테스트를 실시하였는데, 같은 태스크를 각각 기본적인 나열형 리스트 형식의 입력창에서 수행하는 형태와 사용자의 필요에 따라 입력창을 하나씩 추가할 수 있는 형태의 디자인을 통해서 수행하도록 실험을 설계했다.

참가자들 중 절반은 기본형의 입력창을 먼저 접한 뒤, 가변형의 입력창을 다루도록 하였다. 그리고 또 다른 그룹은 반대로, 가변형의 입력창을 먼저 접한 후, 기본형의 입력창을 대하여 대조군을 설정하였다. 우리는 어느 한쪽으로 참가자들이 편향되지 않으면서 (1)새로운 주소 입력 (2)추가적인 전화번호 입력 및 이메일 주소 입력 (3)단축 다이얼 넘버 추가 등, 제시된 태스크를 수행해 나갈 수 있기를 바랐다.

테스트 결과, 다행히 참가자 전원이 가변형의 입력창 모델을 선호한다는 데이터 결과가 나왔다. 모든 참가자들은 무리 없이 '추가' 버튼을 눌러서 새로이 생성되는 텍스트 필드를 채워나갔다. 필자는 이 성공 케이스에서 여러 가지 요인이 있었다고 생각한다. 첫째, 스크린 상에는 '저장'을 제외하고는 '플러스' 모양으로 표현되어 있는 '추가'라는 단 한 개의 옵션만이 존재했다. 이 플러스 모양이 대개 '추가'라는 뜻으로 통용되기 때문에 사용자가 인지하기 더 쉬웠을 것이다. (물론, 플러스 모양의 아이콘은 추가적인 도움말이나, 기능 설명을 위한 콘텐츠를 가리키는 표식으로 쓰이기도 한다.) 무엇보다도, 이렇게 스크린 상에서 사용자가 선택할 수 있는 옵션의 수를 제한한 것이 사용상의 혼란을 최소화시켰다. 둘째, 플러스 버튼이 바로 입력창 옆에 위치해 있어서, 사용자가 별다른 설명 없이도 '아, 이 버튼은 입력창에 관련된 것이겠구나'라고 이해할 수 있게 해 주었다.

필자를 포함한 기획진들은 개발팀에게 이 아이디어의 정당성을 설득하기 위해 부단한 노력을 기울였다. 숱한 토론들로 얻어낸 사실은, 개발팀에게 말로 설득하려고 할 것이 아니라, 직접 눈으로 확인하고 체감할 수 있게 실제 데이터가 필요하다는 것이었다. 일단, 상대방에게 '예시'를 보여줄 경우, 훨씬 더 설득에 힘이 실린다. 하지만 그것만으로는 부족하다. 그들이 '믿을 수 있는' 것을 제시할 필요가 있다.

하지만, 사용성 테스트의 성공적인 데이터 결과로 100% 무장한다면, 소모적인 논쟁이 일어날 여지 자체가 줄어들어 버린다. 이러한 강력한 데이터를 바탕으로 기획진은 자신의 아이디어를 개발팀에게 설득할 수 있게 되는 것이다. 이렇듯, 데이터 중심의 의사결정이 필요할 때에는 내부 아이디어 교류형의 프로토타이핑이 필요하다.

유형 5 : 기술 구현 가능성 측정형

자, 여러분이 매우 멋진 디자인 콘셉트를 세웠다고 가정하자. 시각 디자이너와 찰떡궁합으로 시안 작업까지 마쳤다. 아니면 여러분 스스로가 시각 디자이너일 수도 있을 것이다. 그러나 여전히 최종 관문이 남아 있다. 이 디자인을 어떻게 구현해 낼 것인가?

필자는 지금껏, 개발팀에서 '구현 불가능하다'라는 논리를 내세워 결국 빛을 보지 못하고 사라져간 멋진 디자인을 수도 없이 보아왔다. 만약 여러분이 디자이너이고, 프로토타입 없이 멋지기만 한 디자인을 추진하고자 한다면, 여러분 앞에는 가시밭길이 펼쳐질 것이다!

운이 좋은 경우에는, 고위직이 디자이너의 편에 서서, '어떻게든 이 디자인으로 승부를 보라'는 압력을 개발팀에게 전방위적으로 가할 수도 있다. 하지만 그렇지 않은 경우에 여러분은 어떻게 해야 하는가? 만일 여러분의 디자인이 심하게 복잡하다면? 이해하기 어려운 구조라면? 이 모든 질문들은 '프로토타입이 필요하다'고 알려주는 명확한 레드 사인이다.

여러분은 기술적인 구현이 가능함을 증명하기 위해서 굳이 고품질의 프로토타입을 만들 필요까지는 없다. 또한 그럴싸하게 '가능해 보이는 것처럼' 프로토타입을 조작할 필요도 없다. 어떤 단계를 거쳐, 어떻게 작동하는지에 대한 시뮬레이션을 실시하는 것만으로도 개발팀에게 여러분의 주장을 충분히 펼칠 수 있다. 그들에게 시뮬레이션 과정을 보여주고, 피드백을 받거나 관리자에게서 의사결정을 끌어내는 것으로 프로토타이핑의 가치는 충분하다.

기술 구현 가능성과 아이디어 자체의 가치는 모두 동일하게 중요한 이슈다. 소프트웨어라는 분야에서 여러분은 상상하고, 만들고 싶은 것들을 모두 만들어낼 수 있다. 여러분은 그저 충분한 시간과 노력을 들여 아이디어를 실제 소프트웨어로 옮겨내기만 하면 된다. 하지만 관리진의 입장에서는 이 '시간'이라는 것이 충분치 않다. 관리진은 개발에 자원을 투자하는 입장이기 때문에 ROI에 민감한 시각으로 접근할 수밖에 없기 때문이다.

개발 관련 부서에게 있어서, 그들의 ROI는 코드의 활용성에 달려 있다. 그들은 기술 자체보다는 '작동'이라고 하는 액션에 더 가치를 두는 경향이 있다. 일전에 한 개발자와 이야기할 때 개발자들이 생각하는 '작동'과 기획자가 생각하는 '작동'은 약간 개념이 다르다는 것을 알 수 있었다. 개발자들은 기술적인 소스를 이용하여, 목표한 대로 프로그램이 운영되는 것을 '작동'이라고 인식하는 경향이 있다. 하지만 필자를 비롯한 기획자들은, 웹상에서 모든 렌더링이 끝난 상태의 페이지가 디자인대로 완벽하게 움직여주는 상태를 '작동한다'라고 생각한다.

ROI적인 관점은 늘 투자 대비 이익을 계산한다. 투자비용은 사용자에게 제품을 제공하기까지 소요되는 내부적인 하드웨어 및 소프트웨어 구입비용이나, 생산 시스템을 유지하는 데에도 사용된다. 사용자 경험을 극대화시키는 작업에 투입되는 순수한 비용만 계산했으면 하는 것이 관련 작업자들의 희망이지만, 비즈니스라는 환경에 처해 있는 기업체다 보니, 종국에는 재정 문제에 상당한 부담을 느낄 수밖에 없다.

대부분의 '기술 구현 가능성 측청형' 프로토타입은 시장에 바로 내놓을 수 있을 만큼의 고품질로 만들어진다. 실제로 HTML, CSS, JavaScript로 제작되는 경우에는, 이 프로토타입을 기반으로 개발팀에서 최종 작업을 진행하는 경우도 더러 있다. 흔한 경우는 아니지만, 이런 형태의 프로토타입은 완벽하게 '작동'이 가능하다.

   제품 수준의 프로토타입을 제작에 성공하면 '실현 가능성'에 대한 질문이 전혀 필요 없다. 이미 개발자들이 주장했던 '구현 가능'한 사항에 대한 리스트는 필요가 없다. 이제 남은 장애물은 하나뿐이다. 관리직이 디자인 콘셉트를 이해하고, 사업상 꼭 필요한 가치를 이 디자인이 가지고 있다고 판단하는 것이다. 의사결정만 내려지면, 개발팀에서 발생하는 장애물은 넘기가 한결 수월해진다.

   프로토타입을 사용자의 손에 넘기는 순간, 디자인 콘셉트의 가치는 바로 빛을 발한다. 사용자들에게 프로토타입을 건네주고 그들이 디자인을 경험하도록 하자. 이는 매우 좋은 마케팅 포인트로 작용할 것이다. 프로토타입이 한번 사용자들에게 성공적으로 어필하였다면, 의사결정권자들 역시 바로 반응할 것이다.

사례 연구 | 인트라링크스 IntraLinks

인트라링크스는 가상 보안 공간을 확보하기 위해, 자사의 웹 애플리케이션을 재디자인redesign하기 원했다. IntraLinks 웹 애플리케이션은 최근 5년간 거의 업데이트된 것이 없었기 때문에 업데이트가 절실한 상황이었다. 그래서 자사 내부적으로 확보한 수정 사항들 외에도, 잠재되어 있는 문제 사항들이 있을 것이라 판단하고 제3자의 시각을 빌려 문제점을 파악하기로 했다. 그래서 찾은 컨설팅 에이전시가 바로 필자의 회사, Messagefirst였다.

약 4일간의 현행 애플리케이션 테스트 진행 후, 우리는 정상적으로 작동되는 사항들, 작동이 제대로 되지 않고 있는 사항들, 그리고 개선점에 대한 추천 사항들을 빽빽한 리스트로 작성하였다. 정보와 기술력으로 무장한 IntraLinks의 디자인 팀은 저돌적으로 작업을 시작했다. 약 1년 반 후, 그들은 애플리케이션 자체를 새로 디자인하고, 고충실도의 RIA 프로토타입을 완성해냈다.

장담컨대, 이 프로토타입은 필자가 경험한 최고로 잘 설계된 프로토타입 중 하나였다. 물론 최종 프로토타입이 나오기까지 많은 디자인들을 보여주었지만 최종안은 이런 시안과는 많은 부분이 달랐다. 내부적으로 디자인 하나 하나에 대한 프로토타입을 만들어서 테스트를 실시했고 각 디자인의 장단점에 따라 순위를 매기기도 했다.

몇몇 디자인은 팀의 디자이너가 보기에 직관적이지 않았다. 또 어떤 경우에는 최고 결정권자가 디자인의 방향에 대해 마음에 들어 하지 않았다. 그래서 IntraLinks의 임직원들은 모든 사람들이 납득할 수 있는 하나의 디자인에 도달할 때까지 끊임없이 프로토타이핑을 지속했다. 이 과정 자체가 매우 진화적인 프로세스였다.

아마도 '그렇게 훌륭한 프로토타이핑 과정을 거쳤다면, 왜 테스트를 하려고 했던 거지?'라는 의문이 들 수 있을 것이다. 그 이유는, 최종안으로 선정되어 프로토타입으로 만들어진 디자인이 너무나 새로운 디자인 콘셉트에 기반한 것이었기 때문이다. 그래서 서비스 업데이트 진행 전, 실제 사용자의 반응을 꼭 보고 싶었다. 그들의 사용자들 중에는 5년 전 버전을 그대로 쓰는 사람들도 포함되어 있었다. 아무리 새로 개발한 디자인이 좋다 한들 사용자들이 사용할 수 없으면 아무런 의미도, 소용도 없기 때문이다.

이전 디자인은 웹 페이지를 한 장 한 장 버튼을 클릭해서 넘기거나, 새로고침 버튼을 일일이 눌러야 하는 구조를 가지고 있었다. 이전 페이지에 있는 버튼을 누르기 위해서는, 페이지 이동을 반복적으로 해야만 했다. 한마디로, 유행 지난 비효율적인 시스템이었다. 그러나 새로운 디자인은 스크린 기반의 인터랙션 모델로 독립적인 컴포넌트를 부분적으로 포함한 RIA를 표방하였다. 새로운 디자인은 전반적으로 이전 버전에 비해 최신 기술을 이용한 인터랙션(드래그-앤-드롭 방식, 마우스 오른쪽 버튼 클릭, 컨텍스추얼 메뉴, 자동 업데이트 등)으로 가득 차 있었다.

IntraLink와 우리는, 이 새로운 시도가 기존 사용자들에게 무리 없이 잘 이해될 수 있을지 시험해 보고 싶었다. 만약, 기존 사용자들이 새 디자인에 적응하지 못하고 혼란에 빠진다면, 모든 노력은 수포로 돌아갈 것이지만, 사용자들이 별 탈 없이 새로운 디자인을 사용할 수 있다면 이것은 혁신적인 개선이었다. 그리고 개선이 되었다면 얼마나 많이 개선되었는지도 알고 싶었다.

프로젝트를 진행하면서 숱한 논란거리들이 있었다. 기존 사용자들이 새로운 디자인 콘셉트를 정확하게 이해할 수 있을까? 그리고 사용자들이 드래그-앤-드롭 방식으로 작동된다는 것을 별도의 설명이 없는 상태에서 직관적으로 알아차릴 수 있을까? 마우스 오른쪽 버튼 클릭으로 불러오는 컨텍스추얼 메뉴를 찾아낼 수 있을까? 사용자들이 애플리케이션의 요소들을 사용할 때, 그 외의 다른 화면 요소들은 어떻게 변하기를 기대할까? 이렇게 대대적인 리뉴얼보다는 그저 단순한 기능 업데이트만을 원하는 것은 아닐까?

이렇게 복잡하고 근본적인 우려와 질문들에 답하기 위해서는, 고충실도의 프로토타입을 이용한 사전 테스트가 최선의 해결 방안이었다.

사용자 테스트 결과, 참가자들은 새로운 디자인 콘셉트에 매우 호의적인 반응을 보였다. 새 디자인이 현존하는 애플리케이션과는 상이하지만, 기타 애플리케이션들에서의 경험들(예를 들어 아웃룩이나 윈도 익스플로러)을 통해 비슷한 인터랙션 방법을 익혀왔기 때문에 사용자들은 새 디자인을 잘 이해할 수 있었다고 한다. IntraLinks의 디자인팀, 역시 이런 점을 계산해서 새로운 디자인의 인터랙션을 설계했다.

절반 이상의 테스트 참가자가 드래그-앤-드롭, 오른쪽 마우스 클릭과 컨텍스추얼 메뉴를 찾아냈다. 이런 기능들을 찾아낸 참가자들은 기존의 경험에 기반해 쉽게 인터랙션 방법을 유추해냈다. 기능을 찾아내지 못한 나머지 참가자들은, 웹 기반 애플리케이션에서는 전혀 기대하지 못했던 인터랙션 방법이라는 반응을 보였다. 하지만, 한번 인터랙션을 경험하고 난 후에는, 아주 빠르게, 그리고 즐겁게 애플리케이션 사용에 적응하기 시작했다.

프로토타입과 사용자 테스트는 IntraLinks에 있어서 그들의 디자인 결정력을 확인하고, 포털 형식을 탈피한 새로운 형태의 애플리케이션 제작, 그리고 시스템 메시징과 다중 통화를 위한 새로운 디자인 콘셉트를 제시했다는 점에서 매우 큰 성공이었다. 또한 전사적인 디자인 프로세스에 프로토타이핑을 실시할 수 있는 역량을 길렀다는 점에서도 괄목할만한 발전이었다. 이제 그들은 자사의 다른 서비스와 제품을 위한 디자인 콘셉트 발굴 작업이나 RIA 적용 방안에 대한 문제 해결을 위해서 프로토타이핑을 효과적으로 사용할 수 있게 되었다.

-타드 자키 워플

요약

프로토타입은 충실도와 기능에 따라 여러 가지 유형으로 분류될 수 있다. 보편적인 프로토타입의 유형 분류는 아래와 같다.

- 커뮤니케이션 공유형
- 디자인 작업 중심형
- 내부 아이디어 교류형
- 사용성 테스트형
- 기술 구현 가능성 측정형

프로토타입은 한 가지 유형에만 속하지 않을 수도 있다. 통상적으로 프로토타입은 한 가지 이상의 성격을 지닌 경우가 매우 많다. 하나의 프로토타입을 커뮤니케이션 공유 플랫폼으로 삼고, 사용성 테스트를 수행하는 동시에 기술 구현 가능성을 측정하기도 한다. 다음 장에서는 더 나은 프로토타이핑을 위한 여덟 가지 작업 원리에 대해 알아보도록 하자.

CHAPTER 4

프로토타이핑을 위한 여덟 가지 가이드

가이드 1: 대상 사용자와 제품의 기획의도를 이해하라   68

가이드 2: 계획은 조금만 세우고, 뒷일은 프로토타입에 맡겨라   69

가이드 3: 기대 심리를 조성하자   71

가이드 4: 스케치를 두려워하지 마라   73

가이드 5: 프로토타입은 예술품이 아니다   76

가이드 6: 제대로 만들 수 없다면, 제대로 만든 '척'이라도 하자   78

가이드 7: 필요한 부분만 프로토타이핑하라   81

가이드 8: 위험 부담을 줄이는 방법 - 프로토타입을 초기에 제작하고, 자주 만들어보자   82

요약   85

프로토타이핑은 여러분이 생각하는 것처럼 어렵지 않다. 사실은 오히려 무척 쉬운 작업이다. 누구나 프로토타이핑을 할 수 있다. 프로토타이핑은 한 번 시작하면, 그 다음부터는 횟수를 거듭할수록 더 쉬워진다. 단, 잘못하면 뒤죽박죽이 될 소지가 있다는 것만 빼고. 필자가 직접 경험했거나 혹은 타인으로부터 들은 실수들은 잘못된 툴이나 방법론을 선택해서 발생한 경우가 대부분이다. 그 외에도 아래와 같은 상황들에서 실수가 종종 발생하곤 한다.

- 프로토타이핑의 양이 너무 많거나 혹은 너무 적었을 때
- 프로토타이핑의 대상이 잘못 되었을 때
- 프로토타입을 통해 이루고자 하는 목표가 설정되어 있지 않았을 때

효과적인 프로토타이핑은 기획과 디자인 사이에서 균형을 잘 잡고, 목표를 설정하는 것에서 시작한다. 이 장에서는 필자가 직접 효과적인 프로토타이핑을 위해 세웠던 8가지 가이드에 대해 설명하고자 한다. 이 가이드들은 프로토타이핑 방법론이나 툴에 상관없이 적용할 수 있다. 여러분이 프로토타이핑에 이미 익숙하건, 초보자이건 상관없이 이 여덟 가지 가이드를 따르면 좀 더 알찬 프로토타이핑 프로세스를 진행시킬 수 있을 것이다.

가이드 1: 대상 사용자와 제품의 기획의도를 이해하라

첫 번째 가이드는, 프로토타이핑 프로세스 전체에 걸쳐 반드시 염두에 두어야 하는, 제1의 가장 중요한 원칙이다. 사용자에 대한 이해와 프로토타입의 기획의도는 프로토타이핑 프로세스의 모든 단계에 걸쳐 영향을 미친다. 이 두 가지 요소에 대해 숙지를 마치게 되면, 아래의 항목들에 대한 작업이 한결 수월해진다.

- 어떤 항목, 어떤 요소를 프로토타이핑 할지에 대한 의사결정
- 타당한 기대 요소 설정
- 프로토타입의 적정 충실도 설정에 대한 의사결정
- 목적과 상황에 맞는 프로토타이핑 툴 설정

자, 그러면 모든 문제 출발점의 근원인 '대상 사용자 이해'에서부터 시작해보자. 대상 사용자가 어떤 사람들인지에 대해 정확하게 이해하고 나면, 프로토타입을 해야 할 부분들에 대해 어느 정도 수준의 작업이 필요한지 파악할 수 있게 된다. 만약, 사용자가 자기 자신이 아니더라도 동료 디자이너나 혹은 개발자일 경우, 저충실도의 페이퍼 프로토타입이나 간단한 파워포인트 형식 또는 HTML 시뮬레이션으로도 충분하다. 프로토타이핑에 사용되는 매체에 대해서 그들이 잘 이해하고 있고, 직접 편집도 가능하기 때문에 그리 많은 노력을 들이지 않아도 충분히 원하는 포인트를 얻어낼 수 있다.

그러나 이 프로토타이핑의 대상 사용자가 실제 사용자이거나 관리 직

급의 누군가일 경우 이야기는 달라진다. 앞 문단에서 거론된 간단한 프로토타입으로는 절대 원하는 바를 설명하지도 얻지도 못할 것이다.

여러분의 프로토타이핑 대상자를 고려할 때에는 어떤 매개체와 어느 정도의 충실도가 '그들'에게 편할 것인지를 생각해야 한다. 만약에 대상 사용자가 간단한 스케치를 보고도 충분히 커뮤니케이션할 수 있는 능력이 있다고 판단된다면, 그대로 추진해도 상관없다. 하지만 반대로 대상 사용자가 매개체에 익숙하지 않아 애를 먹고, 여러분도 디자인 콘셉트에 대한 설명을 제대로 해낼 수 없다면, 다른 매개체로 전환하거나 충실도를 바꾸어보는 노력이 필요하다. 이처럼, 프로토타이핑 대상 사용자에 대한 이해와 프로토타입의 기획의도를 명확히 숙지했을 때에야 비로소 프로토타이핑을 시작할 수 있는 준비가 완료되었다고 할 수 있다.

가이드 2: 계획은 조금만 세우고, 뒷일은 프로토타입에 맡겨라

소프트웨어 시스템은 꾸준히, 그리고 빠른 속도로 변화한다. 계획 자체를 조금만 세우고 프로토타이핑을 하면서 완성해가는 방법은 변화무쌍한 기술적 환경에 대응하고, 탄탄히 작업을 진행할 수 있도록 도와준다. 설계 프로세스에 더 많은 노력을 쏟아부을수록, 나중에 수정해야 할 사항이 많아진다. 물론, 각 상황에 따라 작업의 절대적인 양 자체가 달라서 유연하게 작업량을 조절하는 것이 중요하다.

필자는 종종 프로토타이핑 전에 얼마만큼 설계 작업이 선행되어야 하는지에 대해 질문을 받는다. 이 질문에 정답은 없다. 필자는 대개 스케칭 단계의 디자인을 약 70% 정도 설계에 반영하여 프로토타이핑을 진행한다. 실무진들과의 프로토타이핑 작업이라면, 70% 이하의 완성도로 진행한다.

왜 70%인가? 여기에는 두 가지 이유가 있다. 첫째, 프로토타이핑의 목적이 빠르게 대상 사용자들의 피드백을 받아 적용하는 데 있기 때문이다. 더 빨리 대상 사용자들에게 프로토타입을 쥐어 줄 수 있으면, 더 빨리 피드백을 받을 수 있다. 둘째, 프로토타이핑 자체가 디자인을 완성시켜나가는 작업에 사용할 수 있는 훌륭한 도구이기 때문이다. 70% 정도 완성된 디자인 콘셉트를 프로토타입으로 옮겨 놓았다면, 나머지 30%를 프로토타이핑을 하면서 완성하고 앞의 작업들을 수정할 수 있다. 때때로, 이런 방식의 작업을 하나부터 열까지 딱딱 들어맞아야만 하는 성향의 사람들과 해야 한다면 약간 곤란한 상황에 처할 수도 있다. 하지만, 일단 밀어붙여 보라! 70% 정도만 설계해 놓고, 종이와 연필, 화이트보드 앞에서 프로토타이핑을 시작해보자. 분명히 만족할만한 결과를 얻을 수 있을 것이다.

태생적으로 프로토타입은 그때그때 상황에 따라 달리 만들어진다. 그래서 좀 더 미리 많은 부분을 설계할 수도, 혹은 적게 설계할 수도 있는 노릇이다. 미사일 방어 시스템이나 환자의 바이탈 사인을 모니터하는 시스템처럼 복잡하고 세밀한 시스템을 설계할 때에는 많은 부분을 설계에 반영하는 것이 바람직하다. 그 외에도, 사용 환경이나 도구 등 여러분이 고려해야 할 요소들이 있다. 그래서 70%라는 숫자에 너무 연연하지 말기를 추천한다. 여러분이 관여하는 프로젝트의 성격에 맞게, 설계와 프로토타이핑 요소들의 균형을 잡아보라. 여러 번의 반복을 거치다 보면 최적의 지점을 찾을 수 있을 것이다.

두 번째 가이드를 지켜서 작업을 진행시키다 보면, 확실히 프로젝트의 전체적인 시스템이 빠르게 진척됨을 발견할 수 있을 것이다. 또한 이 가이드 원칙을 활용하면, 여러분은 빠르게 실수를 찾아낼 수 있기 때문에, 전체적인 제작 시간을 단축할 수 있다. 그리고, 궁극적으로 대상 사용자의 피드백을 그 자리에서 빠르게 반영할 수 있다는 이점을 누릴 수 있을 것이다.

가이드 3: 기대 심리를 조성하자

어떤 작업에서나, 기대 심리를 조장하는 작업은 심리학적 기법인 '점화priming'에 기반을 두고 있다. 여러분의 대상 사용자에게 기대 심리를 조성하기 위해서는, 일단 그들의 주목을 끄는 것이 중요하다. 짧은 실험을 하나 해보자.

필자가 쇼핑 카트를 프로토타이핑 한다고 가정해보자. 이 가상 프로젝트의 주제는 이 쇼핑 카트를 이용해 모바일 서비스 사업자들이 주도하는 e-커머스 사용자 경험을 설계하는 것이다. 필자는 여러분에게 프로토타입의 콘셉트를 간략하게 설명하고, 어떤 것들이 중요 포인트인지에 대해 짚어줄 것이다. 예를 들어, 쇼핑 경험에 있어 중요하게 언급될 수 있는 제품군이나, 계산 과정에서 쓰일 수 있는 휴대 전화 액세서리 등에 대해서 설명할 것이다. 또한, 이런 장점들에 대한 설명이 쇼핑 중에 어떤 혜택을 줄 수 있는지에 대해서도 이야기할 것이다.

자, 그럼 이제 어떤 일이 벌어질까? 아직 여러분에게 프로토타입 실물을 보여주지 않았지만, 여러분은 대략 어떤 형태의 프로토타입을 만나게 될지 기대하게 된다. 더 나아가, '아, 이런 식의 디자인이 아닐까?'라고 상상의 나래를 펼칠 수도 있다.

마침내 실물을 보여줄 때, 여러분은 앞서 필자가 설명했던 중요 요소들을 하나하나 눈여겨보기 시작할 것이다. 상단부와 하단부의 모양이라든가, 계산 버튼이 어떤 색상인지 기대감을 가지고 찾아보게 된다. 기대 심리를 사전에 조성하는 것은 통상적으로 충실도fidelity과 기능성functionality, 이 두 가지 요소를 염두에 둔 것이다. 프로토타이핑을 처음 실시하거나 익숙지 않은 회사에서 이 부분에서 실수가 발생하기 매우 쉽지만, 사실 알고 보면 미연에 방지하는 것 역시 아주 쉽다.

첫 번째 가이드라인을 생각해보자(여러분의 대상 사용자와 제품의 기획 의도를 상기하라). 만약, 여러분의 대상 사용자들이 프로토타이핑 작업 자체를 처음 경험하는 경우라면, 그들에게 프로토타입을 통해 어떤 것을 기대해야 할지 그림을 그려주는 것은 더 더욱 중요시 될 것이다. 어느 정도 '기대하고 있던 점들'이 프로토타이핑을 통해 경험하게 될 때 나타나는 사용자들의 반응을 지켜보는 것은 매우 즐거운 일이다.

사전에 기대감을 조성함으로써, 여러분은 그 시점에 프로토타입에 반영되지 않은 디테일한 인터랙션이나 기능들에 대한 지적을 피해나갈 수 있는 구멍을 마련할 수 있다. '미처 만들지 못한 것'이 아니라 '곧 반영될 예정'이라는 것은 완전히 다른 뜻으로 사용자들에게 비칠 수 있기 때문이다. 프로토타이핑 작업 시작 시점에서 제대로 기대 심리를 세움으로써, 여러분은 조금 더 쉽게 프로토타이핑 프로세스를 마무리지을 수 있는 토대를 마련할 수 있다(아직 완성되지 않은 부분들에 대해서는 다음 프로토타입 제작 때 반영하는 방식으로 진행한다).

여러분의 대상 사용자들에게 신뢰를 심어주고, 그들의 기대 심리를 조성한 후에, 프로토타입과 데모 영상을 보여주라. 이때, 아직 프로토타입에 반영되지 않은 점을 토론하는 것에 대해 불편해 하지 말라. 다만, 토론의 포커스가 현재의 프로토타입에서 벗어나지 않도록 주의해야 한다. 대상 사용자들에게 현재 그들이 보고 있는 프로토타입이 '미완성'된 부분들이 있음을 상기시켜 주어야 할 것이다.

> **Tip** 데모를 위한 스크립트를 만들자
>
> 여러분의 프로토타입을 설명할 때 강조하고 싶은 부분을 확실하게 어필하기 위해 짧은 스크립트를 만들자. 이 스크립트는 여러분이 프로토타입을 프리젠테이션할 때, 포인트를 놓치지 않고 정확하게 설명할 수 있도록 도와줄 것이다.

가이드 4: 스케치를 두려워하지 마라

"서툴러도 어렵게 느껴져도 그려내야 한다."

– 엑스플레인의 스콧 매튜스 Scott Matthews

Overlap이라는 이름의 소규모 컨퍼런스에서, Xplane의 데이비드 그레이 David Grey는 강연 도중, "그림 그릴 줄 아는 사람 손을 들어보세요?"라고 요청했다. 약 40여명 정도의 참가자 중 아주 소수만이 손을 들었다. 데이비드는 또 다른 질문을 던졌다. "이 중에서 어린 시절에는 그림을 그릴 줄 알았던 분들은 계십니까?"

방 안의 모든 사람들이 번쩍 손을 들고 있었다. 데이비드의 다음 질문은 간단했다.

"그러면, 어린 시절의 그림 그리기 능력을 왜 지금 잃어버린 걸까요? 그 사이에 무슨 일이 일어났던 걸까요?" 아무도 이 질문에는 제대로 대답하지 못했다.

데이비드는 그의 동료인 스콧 매튜스와 함께 사각형, 삼각형, 동그라미, 직선 등과 같은 간단한 도형을 이용하여 원하는 바를 어떻게 그려낼 수 있는지에 대해 보여주었다. 그는 이 도형들을 이용해서 그림 4.1과 같은 달리고 있는 사람을 그렸다.

그림 4.1
'달리는 사람'을 간단히 스케치한 예

여러분은 이 책 전체를 통틀어, 해부학 교재에서나 나올 법한 정밀 묘사는 하나도 찾을 수 없을 것이다. 그런 종류의 이미지는 상상하는 것만으로 충분하다. 프로토타입에서 쓰이는 그림들은 여러분의 대상 사용자에게 보여주고, 커뮤니케이션하여 그들이 어떤 그림인지 상상할 수 있도록 도와주기 위한 것이다.

  필자는 절대 예술가가 아니다. 하지만 스케치는 수도 없이 많이 한다. 필자의 스케치 중 몇몇은 상세한 사항까지 표현한 것도 있다. 때로는 스케치 위에 글자를 적어 넣는 경우도 있고, 그림 4.2처럼 요소들을 설명하기 위해 화살표나 선을 그어 넣는 경우도 있다.

그림 4.2
선, 글자들로 상세 설명이 이루어진 스케치의 예

  만약 필자가 매우 빠르게 개괄적으로 스케치를 진행한다면 화면 요소보다는 기능과 관련된 컴포넌트들이 중심인 저충실도의 스케치 작업을 진행한 것이다. 혹, 다른 디자이너와 실시간으로 함께 작업을 하게 되거나, 클라이언트에게 설명을 하게 될 경우에도 역시 같은 방법으로 스케치를 해 나갈 것이다.

  하지만 만약, 각 화면 구성 요소들에 대한 커뮤니케이션이 필수적인 상황이라면 스케치의 충실도를 조금 높이고, 레이블을 보기 좋게 정리하거나 일러스트레이터 같은 프로그램을 이용한 작업을 수행해야 할 것이다. 각 상황에 대한 의사결정은 첫 번째 가이드인 "대상 사용자와 기획 의도를 숙지하라"에 기반하는 경우가 많다. 프로토타이핑을 함께 해야 할 사람이 아무도 없고, 단순히 개인 작업만을 필요로 한다면 화살표와 상자 그림 몇 개만으로도 충분히 모든 것을 표현해낼 수 있을 것이다(레이블이나 상세 사항에 대해서는 분명 별도의 리스트 문서가 존재할 테니). 하지만 누군가와 함께 스케치를 해야 한다면 통상적으로 추가적인 노력을 덧붙여 주어야 한다.

여러분이 어린 시절에는 자유롭게 그림을 잘 그렸던 것을 기억하자. 지금도 그렇게 그릴 수 있다. 프로토타이핑에 있어서 여러분의 목표는 뉴요커에 실릴 멋진 일러스트를 만들어 내는 것이 아니다. 그저 여러분의 아이디어만 전달할 수 있으면 된다. 이건 그저 프로토타입일 뿐이니까.

> **Tip** AJAX를 위한 인터랙션을 화이트보드에 스케치하기
>
> 스케치 작업을 수행할 때 화이트보드를 이용해보자. 틀리면 지우고, 또 다시 그리면서 AJAX 전환 및 인터랙션 시뮬레이션을 할 수 있다.

가이드 5: 프로토타입은 예술품이 아니다

프로토타입은 태생적으로 미완성이다. 최종 제품의 스케치 버전일 뿐이다. 프로토타입은 완벽하지 않으며 완벽할 필요도 없다. 애초에 '완벽함'을 프로토타입에 기대하는 것은 잘못된 자세다. 사실, 많은 작업이 가

해지지 않은 상태의 프로토타입이 피드백을 반영하기에 오히려 더 적합하다. 완성품이 아니기 때문에 참가자들의 피드백이 더 잘 반영될 수 있다. 참가자들은 이미 모든 사항들이 결정된 상태에서의 형식적인 테스트일 거라는 생각을 하지 않을 뿐 아니라 오히려 제품의 완성에 자신들이 참여한다는 느낌을 더 강하게 받을 수 있다.

하지만, 상황에 따라 완성도와 충실도가 높은 프로토타입이 요구될 때도 있다. 스케치 기반으로 제작된 프로토타입이나 흑백 컬러로만 구성되어 있는 데모를 CEO가 트레이드 쇼에서 프레젠테이션할 수는 없는 노릇일 테니 말이다. 그래서, 어느 정도까지 프로토타입화 해야 하는 것에 대한 유연한 상황 판단이 필요하다. 필자가 장담할 수 있는 것 한 가지는, 이처럼 완성도와 충실도가 높은 프로토타입을 제작하는 것은 그리 흔한 경우는 아니다. 대부분의 경우, 프로토타입의 비주얼 완성도가 '모나리자'급이 될 필요는 없다. 제작자에게도, 참가자에게도 적당한 수준의 완성도면 된다.

여러분이 완벽주의적 성향을 갖고 있다 하더라도 여기에서 발휘하지 않도록 하자. 이것은 그저 '프로토타입'일 뿐이다. 프로토타입을 정교하고 예쁘게 만들기 위해 쏟아부을 시간과 노력을 디자인의 핵심 콘셉트를 위한 아이디어를 대상 사용자에게 제대로 전달할 수 있는 방안에 대해 고민하는 데 쓰는 것이 현명하다. 여러분이 프로토타이핑 프로세스에서 주목할 것은 단 한 가지다. '적정한 레벨과 적당한 충실도', 요구사항보다 더 많은 작업을 하는 것도, 또 조금 덜 하는 것도 불필요하다.

가이드 6: 제대로 만들 수 없다면, 제대로 만든 '척'이라도 하자

아마도 여섯 번째 가이드가, 처음으로 프로토타이핑을 하는 초보자들에게 가장 큰 어려운 장애물일 것이다. 프로토타이핑에 관련된 워크숍을 진행하거나 강연을 할 때, 아래와 같은 질문으로 서론을 시작하곤 한다.

- 코드를 사용하는 것에 얼마나 많은 사람들이 편안하게 느끼는가? (HTML 이외의 다른 언어들 포함)
- 과거에 프로토타이핑을 진행해 본 경험이 있다면, 어떤 형태나 모양으로 만들어왔는가? (파워포인트, HTML, 드림위버, PDF 등 여러 가지)

보통, 그 강연에 참석한 구성원들 중 디자이너의 비율이 높으면 높을수록, 코딩이나 여타 다른 방법으로 프로토타이핑을 진행하는 것이나, 프로토타이핑 자체를 해본 경험이 별로 없어 프로토타이핑에 대해 불편하게 느낀다는 것을 알 수 있었다. 이런 현상은 "코딩을 할 수 없으면 프로토타입을 만들 수 없다"라는 미신적인 고정관념을 낳았다. 그리고 RIA가 늘어나면서 "자바스크립트를 쓸 줄 모르면 프로토타입을 제작할 수 없다"라는 생각으로까지 번졌다.

프로토타이핑이 빠르고 쉬워질수록 사람들의 아이디어를 반영하고, 용례를 보여주는 데에 투자되는 시간이 짧아진다. 마치 밀에서 밀알을 효과적으로 분리해내는 작업처럼, 빠르게 아이디어를 녹여내어 상품성을 높일 수 있다.

- Human Factors Design and Pegasystems의 바룩 작스Baruch Sachs

만약 여러분이 코딩을 할 줄 모르거나, 관련 프로그램을 다룰 줄 모를 때에는 '만들어 낸 척'할 수 있는 여러 가지 팁들이 있다.

- 여러분은 JPEG 파일 이미지로 '마치 프로그래밍을 한 것처럼' 보이게 만들 수 있다. 드림위버를 써서 이미지 맵을 만들고, 각각의 페이지를 링크만시켜도 된다. 코드 한 줄 타이핑 할 필요 없이 JPEG 이미지만으로도 충분히 플로를 표현할 수 있고, 인터랙션 요소들을 보여줄 수 있다.
- Fireworks의 기본 기능을 활용하면, 페이지와 프레임을 연결하여 클릭이 가능한 HTML 페이지를 만들 수 있다.
- PDF 툴이나 Adobe Acrobat의 링크 기능을 활용하여 '작동 가능한 프로토타입'처럼 만들어 낼 수 있다.
- 파워포인트를 활용하여 스틸 스크린들을 하나로 엮자. 훌륭한 프로토타입이 된다.
- HTML 스크린을 AJAX나 RIA를 시뮬레이션하는 데 사용해보자.

DC Refresh에서 강연했을 때, 최근 작업했던 프로토타입을 예로 들어 설명한 적이 있다. 이때, 몇 가지 리치 인터랙션을 프로토타입에 표현하기 위해, '자바스크립트 라이브러리'을 이용한 경험에 대해 이야기했다. 프로토타입을 제작할 때 썼던 보여주기/숨기기show/hide 기능 등 기본적인 기술을 보여주며, 청중에게 프로토타입에 쓰인 것들 중 진짜 코딩을 한 것과, 눈속임으로 그럴듯하게 만든 것들에 대해서도 설명했다. 그때 예로 설명했던 것은, 상세 검색모드와 일반 검색모드에 대한 화면이다. (그림 4.3, 4.4)

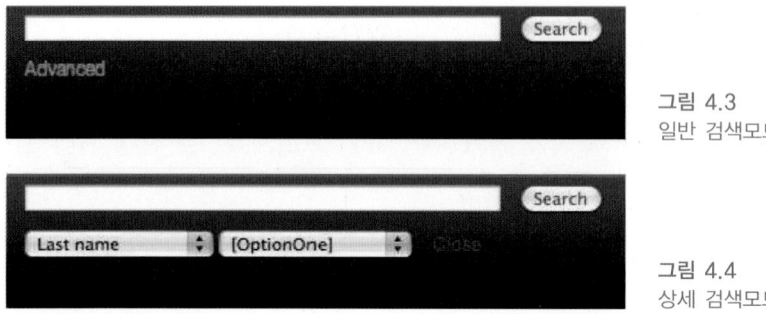

그림 4.3
일반 검색모드

그림 4.4
상세 검색모드

위의 두 가지 화면을 토글하면서 어떻게 하면 일반 모드에서 상세 모드로 전환이 가능한지를 보여주었다. 그리고, 이 그림 뒤에 걸려 있는 URL을 공개했다. 이 AJAX 시뮬레이션은 사실 AJAX를 하나도 사용하지 않은 '눈속임'이었을 뿐이지만 서로 다른 두 페이지를 링크하여 그래픽 효과를 줌으로써 충분히 현실감을 표현할 수 있다는 것을 강조하고 싶었다.

프로토타입을 진짜 코딩하느냐 안 하느냐는 그리 크게 중요치 않다. 중요한 것은 대상 사용자들이 인터랙션을 이해할 수 있게 만드는 것이다. 이 외에도 눈속임 기법에는 여러 가지가 있다. 필요에 따라 더 많은 것들로 임기응변을 취할 수 있다.

가이드 7: 필요한 부분만 프로토타이핑하라

여러분은 전체 시스템을 구성하는 하위 구성 요소에 대한 프로토타이핑을 진행해야 할 경우가 꽤 많을 것이다. 각 구성 요소에 대한 디자인이나 피드백을 받을 때 시스템 전부를 프로토타이핑할 필요는 없다. 실제로, 전체적인 프로토타이핑 진행은 오히려 빠르게 반복할 수 있는 시간적 여유를 갖지 못하게 하는 원인이 된다.

만약 여러분의 궁극적인 목표가 테스팅을 위한 프로토타이핑이라면, 통상적으로 대여섯 개의 시나리오를 준비할 것이다. 이럴 경우, 여러분은 이 시나리오에 필요한 부분만 프로토타입으로 구현해내면 된다.

만일 프로토타입이 준비되지 않은 부분을 참가자가 클릭해 본다면 어떻게 대응하면 좋을까? 당황할 필요 없다. 이것은 아직 '미완성' 상태인 프로토타입일 뿐이다. 오히려 예측하지 못했던 참가자들의 반응을 관찰하고 탐문하여 '어떤 점을 기대하고 이 부분을 클릭했는지'를 물어볼 수 있는 기회라고 생각하면 된다.

필요한 부분만 프로토타입을 제작하게 되면, 투자비용과 시간, 그리고 노력이 여러 면에서 절약된다. 또한 제작 자체에 소요되는 시간의 절대량이 줄기 때문에 더 빠르게 피드백을 반영하여 다음 단계로 진행할 수 있게 된다. 작은 부분들을 프로토타이핑하여 전체 프로세스를 진행시키고 큰 문제가 없으면 절약한 시간으로 다른 일들을 처리할 수 있는 이점이 있다.

가이드 8: 위험 부담을 줄이는 방법–
프로토타입을 초기에 제작하고, 자주 만들어보자

> 우리는 이 커다란 회사 조직이 와이어프레임을 분해하고, 새로이 다시 설계하고 문제점을 발견하는 데, 시간을 너무 많이 쓰게 만들고 있다.
>
> - 앤더스 람제이|Anders Ramsay

이미 여러 차례 설명했듯 프로토타이핑은 투자 대비 효과를 극대화시킬 수 있는 여러 이점을 지니고 있다. 두 가지 방식의 작업 형태를 비교해보자. 하나는 전통적인 폭포수 waterfall 방식이고, 또 하나는 빠른 반복적 iterative 프로토타이핑이다.

전통적인 방식에서는 모든 시스템의 요소 하나하나, 기능 하나하나를 개발 직전까지 완벽하게 설계한다. 실제로 모든 시스템이 완벽하게 작동하는 단계까지 진행하는데 보통 6~9개월이 소요된다.

이런 제작 환경으로 프로세스 진행 자체 속도는 느려질 수밖에 없고, 시스템에 변화 요소를 적용하기도 매우 힘들다. 오늘날의 소프트웨어 산업에 있어서 9개월이란 시간은, 제품의 수명 주기라고 봐도 무방하다. 제품을 기획하고, 생산하고, 차기 후속 기획에 착수하기까지의 시간 전체가 얼추 9개월 정도 걸린다는 이야기다.

이런 제작 방식 하에서, 많은 자원들이 투입된 시점에서 문제점이 발생했다고 가정해보자. 문제점은 눈에 보이지만, 전체적인 방향을 수정하기에는 너무 늦은 시점이 되어버린다. 이미 배는 떠났고, 항로 자체가 잘못 설계되어 있기에 배는 결국 목적지가 아닌 다른 곳을 향해 항해를 계속할 수밖에 없다.

　　이는 상당히 소모적인 작업 형태이다. 실수를 만회하는 데 시간과 노력이 엄청나게 투자되며, 회복에 투자되는 비용은 문제 발견 시점까지 들어간 금액 그 이상이 추가적으로 발생될 가능성도 있다. 미처 고치지 못한 문제점은 시스템에 남아서 사용자에게까지 영향을 미칠 수 있다.

　　한편 반복적 프로토타이핑 방식은 좀 더 기민한 접근이라 할 수 있다. 각 요소와 기능들을 나누어 반복적으로 실험해보고, 고쳐나가는 진화적인 방식이라 할 수 있다. 프로토타이핑을 거치게 되면, 앞서 설명한 전통적인 방법의 제작비용보다 훨씬 적은 자원으로도 충분히 프로세스를 진행할 수 있다. 금전적 자원 투자에 대한 위험 요소를 줄여 전체적인 프로젝트 리스크를 줄일 수 있는 것이다.

　　프로토타이핑 중심의 제작 형태에서는 몇 주간을 할애해서 디자인 콘셉트의 현실성을 파악하게 된다. 만약 콘셉트가 시원치 않다는 판단이 서면, 실제 제작에 들어가기 전에 수정을 하면 되기 때문에, 전체적인 프로젝트에는 큰 손실이 없다. 몇 주의 시간을 제하는 것이 프로젝트 종료 시점이 몇 개월 늘어지는 사태보다는 훨씬 타격이 덜 하기 때문이다.

　　프로토타이핑의 결과가 만족스럽다면, 빠르게 피드백들을 반영하여 제작에 들어갈 수 있다. 시장에 제품을 빠르게 내어놓을 수 있고, 실험적인 시도를 도입할 수도 있다.

　　소프트웨어 시장에서 프로토타이핑은 빛을 발한다. 적은 투자로 많은 피드백을 얻어낼 수 있다. 피드백이 긍정적이든, 부정적이든 문제될 게 없다. 긍정적이라면 모든 것이 잘 되어가고 있다는 청신호이고 부정적이라면 내재적 문제점이 있다는 얘기니, 빠르게 문제점을 찾아내어 반영하고 대안을 찾아낼 수 있다.

CHAPTER 4　프로토타이핑을 위한 여덟 가지 가이드 제작 및 개발 프로세스 상에서 실수를 초기 단계에 발견할수록, 수정이나 회복에 드는 비용 자체가 현저하게 줄어들게 된다. 누구나 반드시 실수를 저지르기 마련이기에 이는 매우 중요한 포인트다. 추측하건대, 제작 프로세스 중 수정 작업에 드는 비용이 10이라면, 개발 후 제품 출시 단계에서 드는 수정 비용은 100, 혹은 그 이상으로 치솟을 것이다. 따라서 초기에, 그리고 자주 프로토타이핑을 하는 것은 프로젝트에 투자되는 회사 차원의 자원들뿐만 아니라, 일과 함께 수반되는 두통(!), 시간, 노력으로부터 여러분 개인을 구해줄 수 있을 것이다.

요약

프로토타이핑 프로세스에서 실수를 저지르는 것은 매우 정상적인 일이다. 실수를 최소화하기 위해 염두에 두어야 할 여덟 가지 가이드 원칙은 아래와 같다.

- 가이드 1: 대상 사용자와 제품의 기획의도를 이해하라.
- 가이드 2: 계획은 조금만 세우고, 뒷일은 프로토타입에 맡길 것.
- 가이드 3: 기대 심리를 조성하자.
- 가이드 4: 스케치를 두려워하지 말 것.
- 가이드 5: 프로토타입은 예술품이 아니다.
- 가이드 6: 제대로 만들 수 없다면, 제대로 만든 '척'이라도 하자.
- 가이드 7: 필요한 부분만 프로토타이핑하라.
- 가이드 8: 위험 부담을 줄이는 방법 - 프로토타입을 초기에 제작하고, 자주 만들어보자.

이제 여러분은 효과적인 프로토타이핑을 위한 8가지 가이드를 숙지하게 되었다. 다음 장에서는 UX 업계에서 널리 쓰고 있는 프로토타이핑 툴에 대해 알아볼 것이다. 어떤 툴을 언제 사용해야 할지에 대한 이야기를 해보고자 한다.

CHAPTER 5

프로토타입을
위한 툴

영향 요인들   **89**
어떤 툴을 사용하는가   **92**
어떤 종류의 프로토타입을 만들어 내는가   **93**
요약   **96**

2008년경, 이 책을 쓰기 위해 간단한 설문조사 작업을 실시했다. 조사의 목적은 UX 업계 사람들이 실제로 사용하고 있는 툴에 대해 이해하고, 왜 그 툴을 선택했는지, 그리고 그 툴을 사용해서 얻고자 하는 것이 어떤 것인지에 대하여 알아보고자 함이었다. 또한 필자의 업무 경험에 비추어 다른 사람의 선택은 어떤 차이가 있는지도 알아보고 싶었다.

UX의 다양한 분야에서 일하고 있는 연구자, 디자이너, 개발자, 상품 기획자, 그리고 비즈니스 애널리스트 등 대략 200명 정도의 인원이 조사에 응해주었다. 이 장에서는 조사 결과에 근거하여 특정 환경 및 상황에서 가장 적합한 툴을 선택할 수 있는 몇 가지 가이드에 대해 이야기해 보고자 한다.

영향 요인들

이 책을 집필하기 시작했을 즈음, 필자가 프로토타이핑에 이용했던 툴은 주로 HTML과 CSS이었다. 이 두 가지 툴을 조합하여 AJAX 인터랙션과 트랜지션 효과를 그럴듯하게 보이게끔 속임수를 쓴 적이 한두 번이 아니었다. 내 자바스크립트 실력이 그다지 좋지 않았기 때문이다.

어느 날, 필자는 Prototype과 script.aculo.us 자바스크립트 라이브러리에 익숙해지기로 결심했다. 새로운 시도였기에 몇몇 팁들을 썼다 지웠다 하면서 손에 테크닉을 익히는데 며칠의 시간이 걸렸지만 결국 능숙하게 다룰 수 있게 되었다. 책을 집필하고 있는 지금, 필자가 작업한 대부분의 프로토타입들은 여전히 HTML과 CSS, 그리고 Prototoype과 script.aculo.us로 만들어진다. 필자의 자바스크립트 실력도 늘었고, 더 이상 AJAX 효과를 구현해내기 위해 그럴듯한 눈속임은 하지 않게 되었다.

　프로토타이핑에 이용할 수 있는 기술과 툴들은 점차 더 많아지고, 성능도 더 좋아지는 중이다. 이 책을 끝마칠 때쯤, 아마도 선택 가능한 프로토타이핑 툴은 더 많아질 것이고, 기존의 툴들도 업그레이드가 진행되어 있을 것이다.

　왜 사람들은 HTML이나 Flash, Fireworks, Axure 혹은 기타 툴들을 선택하는 것일까? 설문조사 결과에 따르면, 툴 선택에 영향을 주는 몇 가지 요인이 있었다. 많은 표를 받은 항목부터 나열해보면,

1. 개인적인 친숙함과 능숙도
2. 프로토타입을 제작하는 데 걸리는 시간과 노력의 정도
3. 테스트를 하는 데 유용한 프로토타입인지의 여부
4. 비용
5. 학습 곡선
6. 자체적으로 GUI 위젯을 만들어 낼 수 있는지의 여부
7. 해당 플랫폼에서의 작동 여부
8. 협업 혹은 원격 디자인 능력 여부
9. AJAX 트랜지션 효과가 빌트인 솔루션이나 패턴으로 구현되는지 여부
10. 빌트인 GUI 위젯의 존재 여부
11. 코딩이 가능한 소스의 존재 여부

　필자 역시 위의 요인들을 고려한다. 다만, 필자가 최우선적으로 고려하는 사항은 위 리스트에 없다. 필자가 가장 중요한 툴 결정 요인으로 생

각하는 것은 '대상 사용자와 제품의 기획의도'다. 그외 친숙도, 능숙도, 편안함, GUI 위젯 지원 여부, AJAX 등의 다른 요인들은, 아주 약간의 차이가 있을 뿐 모두 위 리스트에 포함되어 있다. 이 리스트는 이 책의 후반부에서 각기 다른 프로토타이핑 툴들을 평가할 때, 다시 한 번 다루고자 한다.

실제 완성품에 재사용할 수 있는 수준의 프로토타입의 제작은 보편적이지도 않을뿐더러 추천하고 싶지도 않다. 이에 관해서는 여러 가지 이유가 있다. 프로토타이핑은 매우 빠르게 진행되는 반복 작업이 필요한 프로세스다. 이 프로세스를 통해 우리는 아이디어를 발굴하고, 때로 실패도 경험하며, 빠른 학습을 해낼 수 있다. 만약 프로토타입 제작 시 완벽한 수준의 코딩을 하는 데 집중한다면, 프로세스의 초반부터 '빠른 반복'을 통해 얻을 수 있는 가치들을 상당수 포기할 수밖에 없을 것이다.

반면에, 추가적으로 투입해야 할 자원이 없거나 아주 적은 상태에서도 재사용이 가능한 소스코드를 만들 수 있는 상황이면 프로토타이핑 툴은 시간적으로 개발 기간에 부가적인 가치를 줄 수 있다.

이 책을 집필할 당시에는 코딩을 할 수 없는 사람들을 위한 전문적인 프로그램이 없었다. 그래서 소프트웨어 개발자가 아니더라도, 개발 단계에서 직접 적용할 수 있는 수준의 프로토타입을 제작하기 위해서는 HTML 코딩이나 루비온레일스 같은 개발 프레임워크를 따로 배워야 했다.

어떤 툴을 사용하는가

필자가 예상했던 대로, 실무자들이 즐겨 사용하는 프로토타이핑 툴은 페이퍼, 파워포인트, 플래시, 그리고 HTML이 설문조사 결과 리스트에 올라 있다. 그리고 대부분의 실무자들이 하나 이상의 툴을 동시에 사용하고 있는 것으로 확인되었는데, 이는 그리 놀랄 만한 내용은 아니다. 예를 들면, 페이퍼 프로토타이핑을 위해 포토샵을 이용하고, 2차 프로토타이핑을 위해 HTML 코딩을 사용하는 경우를 생각해 볼 수 있다.

지난 2년 동안, 몇몇 새로운 툴들(대표적인 예로 Axure RP와 Fireworks)이 등장해 눈길을 끌었다. Fireworks의 경우, 이전부터 존재했던 툴이지만 최근에 들어서야 프로토타이핑에 쓰이기 시작했다. 아래 표는 2008년 현재, UX 업계에서 널리 쓰이고 있는 프로토타이핑 툴을 정리해 놓은 것이다. (표 5.1)[1]

필자에게 있어서 가장 놀라웠던 점은, 생각보다 많은 사람들이 Visio를 프로토타이핑에 사용하고 있었다는 점이다. Visio가 거론될 것이라는 점은 예상했지만, 60% 가까운 비율을 보일 것이라고는 상상도 못했다. 또 필자의 이목을 끈 것은 Excel과 FileMaker다. 아주 소수의 응답이었지만, 이 두 가지 툴이 프로토타이핑에 쓰였다는 것 자체가 놀라웠다. 그 외에도 26가지의 생소한 툴들도 '기타'에 포함되어 있다.

---

[1] 설문조사 참가자에게는 최대 3개까지 중복 선택이 허용되었다. 따라서 위의 값의 총합이 100이 될 수 없다. toddwarfel.com/archives/first-prototyping-survey-results/를 참고할 것.

표 5.1 보편적인 프로토타이핑 툴에 대한 설문조사 결과

Paper Prototype	77%
Visio	59%
PowerPoint	43%
Dreamweaver	47%
Axure	30%
OmniGraffle	30%
Illustrator	23%
Flash	21%
Acrobat	19%
Fireworks	18%
InDesign	12%
Photoshop	10%
Other HTML editor	4%
Keynote	3%
Flex	2%
Blend	0.2%
iRise	0.1%
기타 (Excel, File maker)	0.1%

어떤 종류의 프로토타입을 만들어 내는가

페이퍼 프로토타이핑은 늘 첫 번째로 꼽히는 툴이다. Prototype과 jQuery 같은 AJAX 라이브러리의 지속적인 성장과 Axure, iRise, Fireworks와 같은 프로그램들이 늘어나면서, 프로토타입 제작은 점점 더 쉬워지고 있다.

 Ruby on Rails(RoR)는 새롭게 대두되고 있는 툴 중의 하나다. Rails는 프

로토타이핑과 실제 소프트웨어 제작이 동시에 가능하기 때문에, 단시간 내에 애플리케이션을 개발할 수 있는 이상적인 프레임워크다. Rails는 HTML의 모든 장점뿐만 아니라 동적인 데이터 수용 능력까지 가지고 있다.

아래 표 5.2는 UX 업계 실무진들이 보편적으로 사용하는 프로토타입의 형태를 정리한 것이다.

표 5.2 보편적인 프로토타입 제작 형태에 대한 설문조사 결과

페이퍼 프로토타입	81.0 %
HTML (직접 코딩)	58.0 %
자동 생성형 (Axure, iRise, Visio, Fireworks, 기타 유사 프로그램들)	39.0%
HTML을 사용한 클릭 가능한 스크린샷 모음 형태 (하이퍼링크를 사용한 인터랙티브 문서)	34.0%
Flash, Flex, AIR, Blend	27%
Keynote, PowerPoint	24.0
클릭 가능한 형태의 PDF 문서	21.0
실제 개발 언어 (Rails, Java, .Net, PHP, Xcode)	9%
3D 모델링 (하드보드지, 폴리에틸렌 발포재 등)	2%

필자가 제작한 대부분의 프로토타입들은 HTML과 AJAX로 구성되어 있다. 그리고 Messagefirst에서 Prototype이나 jQuery 자바스크립트 라이브러리와 프로토타입을 연동할 때에는 HTML/CSS 프레임워크를 사용했다. 필자는 프로토타입을 전부 손수 코딩했다. 계층 구조의 인터랙션과 자바스크립트 라이브러리라는 검증된 프레임워크를 사용했기 때문에 빠르게 그리고 반복적인 작업을 계속 진행할 수 있었다.

때로 TV나 모바일의 UX를 설계할 때 HTML 이외의 툴을 사용할 필요를 느끼기도 했다. 모바일을 위한 프로토타입을 할 때면, 주로 페이퍼

프로토타이핑을 실시하거나 플래시를 이용했다. DVR 인터페이스를 프로토타이핑해야 할 때면 플래시나 키노트를 사용하는 것이 유용했다.

요약

필자는 남들이 다 한다고 해서 응당 '나도 저렇게 하면 되려니'라는 사고방식을 가져본 적이 없다. 그리고 프로토타이핑을 할 때도 마찬가지 태도로 접근했다. 필자가 제작한 프로토타입은 실제 소프트웨어 개발 과정에 쓰여도 될 수준의 HTML 프로토타입들이었으나, 대부분의 사람들에게 필자의 방법을 권장하지는 않는다. 필자가 이 방식을 택한 이유는 첫째, 프로젝트에 꼭 필요한 형태의 아웃풋을 만들어 낼 수 있는 툴이었기 때문이며, 둘째 필자가 편하게 다룰 수 있는 툴이기 때문이다. 여러분에게 '딱 맞는 툴'을 고르는 방법을 추천한다면, 아래의 사항들에 대해 고려해보기를 권한다.

1. 대상 사용자: 누구에게 이 프로토타입을 보여주고 피드백을 받을 것인가?
2. 기획의도: 다섯 가지 정도의 프로토타입을 놓고 고민해보자. 어떤 것이 여러분의 기획의도를 충분히 반영하는가?
3. 친숙도와 학습 가능성: 여러분은 이 방법론이나 툴에 익숙한가? 혹은 배울 의지가 있는가?
4. 비용: 라이선스 비용만 생각할 것이 아니다. 만약 이 툴을 새로 배워야 한다면, 학습에 투입되는 비용도 고려해야 할 것이다.
5. 협력 작업: 이 프로젝트에 여러 사람의 협력 작업이 필요한가? 그렇다면 선택할 수 있는 범위가 매우 한정적임을 알아두자.
6. 배포 방법: 어떤 방식으로 프로토타입을 공유할 것인가?
7. 일회용 제작인가, 재사용이 가능한 형태로 만들 것인가?: 실제 개발 단계에서 재사용이 가능한 코딩을 해야 한다면, 선택의 범위가 매우 줄어들 것이다. 만약 일회용 프로토타입을 만든다면 선택에 별 제약이 없을 것이다.

이 책에 삽입된 툴별 비교 매트릭스를 참고하면, 각각의 방법론과 툴들이 어떤 특징을 가지고 있는지 판단할 수 있을 것이다. 지금까지 여러분은 프로토타이핑을 하기 위해 필요한 개념적인 내용들을 두루 살펴보았다. 지금부터는 특정한 툴들에 포커스를 맞추어서 설명하기로 한다. 이 장에서 언급했던 부분들, 그리고 실전에서 쓰일 수 있는 몇 가지 팁들도 함께 기술할 예정이다.

CHAPTER 6

페이퍼 및 아날로그 방법론과 툴들

장점 **100**

약점 **101**

핵심적인 페이퍼 프로토타이핑 준비물 **104**

프로그레시브 페이퍼 프로토타이핑 **105**

요약 **120**

페이퍼 프로토타이핑의 활용 적합도

프로토타이핑 모델

종이 기반 모델 ●
디지털 기술 활용 모델 ◐
서술성 모델 ●
양방향성 모델 ◐
속성 모델 ●

적용 단계

제품 기획 초기 단계 ●
제품 기획 말기 단계 ◐

호환성 및 비용

Mac .... 해당 없음
Windonws .... 해당 없음

이동성 및 사용성

웹 ●
모바일 ●
물리적 구동 ○
코드 재사용성 ○

협업, 배포 및 추적 가능성

협업 ●
배포 ○
추적 가능성 ○

● 매우 적합   ◐ 비교적 적합   ○ 적합지 않음

그림 6.1
아이폰 애플리케이션 설계를 위한 페이퍼 프로토타입 샘플

페이퍼 프로토타이핑은 융통성이 가장 좋은 방법이자 툴이다. 종이는 웹 인터페이스에 관련된 모든 것은 물론이요, 인터랙션을 표현해내는 데에도 가장 이상적인 매체다. 페이퍼 프로토타이핑은 최근 수십 년간 학계를 비롯해서 IBM, Digital, Sun과 같은 대기업에서 각광을 받았다.

페이퍼 프로토타이핑은 오늘날 현업에서 가장 많이 쓰인다. 필자의 자체 설문조사 결과 무려 76%의 응답자가 페이퍼 프로토타이핑을 사용한다고 답했다. 필자의 개인적인 기억에도 몇 년간의 경험에 비추어 볼 때, 페이퍼 프로토타이핑은 매우 유용한 툴이며, 실제로 자주 사용해왔다. 물론, 종이 기반의 프로토타이핑과 기타 아날로그 툴은 디지털 기반의 프로토타이핑 툴과 마찬가지로 단점을 가지고 있기는 하다. 하지만, 단점보다 장점이 훨씬 크기 때문에 반드시 익혀두어야 할 기법 중의 하나이다.

이 장에서는 페이퍼 프로토타이핑의 장점과 약점에 대해 두루 살펴보고, 프로토타이핑 작업을 실시할 때, 툴킷에 포함시켜야 할 요소들이 어

CHAPTER 6 페이퍼 및 아날로그 방법론과 툴들

떤 것인가, 그리고 AJAX 스타일 시뮬레이션을 포함한 페이퍼 프로타이핑 테크닉에 대해서 알아보기로 하자.

장점

확실한 페이퍼 프로타이핑의 장점을 열거해보자면, 아래의 포인트들을 꼽을 수 있다.

• **융통성이 있다**

'종이'는 소프트웨어, 제품, 특히 모바일과 제스처를 이용한 인터랙션을 표현해 내는 데 적합한 몇 안 되는 매체이다.

• **제작 속도가 빠르다**

여러분이 어떤 인터랙션을 상상하든, 그 아이디어를 종이로 된 프로토타입으로 옮기는 데는 채 몇 분 걸리지 않는다.

• **비용이 싸다**

페이퍼 프로토타이핑은 특별한 제작 프로그램이 필요치 않기 때문에 별도의 소프트웨어 라이선스가 필요 없다. 집이나 사무실에 앉아서 주변에 있는 모든 필기구를 자유로이 사용할 수 있다.

• **쉽다**

진입 장벽이란 것 자체가 존재하지 않는다. 누구나 만들어낼 수 있다.

- **빠른 편집이 가능하다**

프로토타이핑 과정 중에 참가자가 예상치 못한 아이디어나 디자인 콘셉트를 생각해 낸다면 어떻게 대응해야 할까? 걱정할 필요 없다. 페이퍼 프로토타입은 매우 빠르고 쉽게 편집할 수 있다. 참가자와 함께 작업을 진행할 수도 있다.

- **협력 작업 진행에 용이하다**

페이퍼 프로토타이핑은 유관 부서 간의 협력 작업이나, 사용성 테스트의 참가자들의 참여 디자인 작업을 진행할 때 매우 용이하다.

- **하드웨어나 소프트웨어에 구애받지 않는다**

페이퍼 프로토타이핑은 다른 툴과 달리, 이미 정형화되어 있는 위젯 형태나 인터랙션 방법에 전혀 제약이 없다. 종이는 진정 '빈 공간'이기 때문에 기술적 제약이나 기존 디자인에 상관없이 머릿속 상상을 그대로 옮겨놓을 수 있다.

- **언제 어디서든 할 수 있다**

페이퍼 프로토타이핑에는 컴퓨터가 필요 없다. 종이와 연필만 있으면 언제 어디서든 작업을 실행할 수 있다.

약점

매우 널리 쓰이고 있고, 인기 있는 툴이기도 하지만, 페이퍼 프로토타이핑 역시 약점과 한계를 가지고 있다.

• 원격 작업에는 부적합하다

페이퍼 프로토타입을 지정학적으로 멀리 떨어진 회사 브랜치나 협력 업체와 공유할 수 없는 이유는 명백하다. 종이로 되어 있는 작업물을 미국과 아일랜드 간에 공유해야 한다고 생각해보자. 완벽하게 작업물을 전달하는 것은 거의 불가능하다. 오히려 이럴 때에는 Adobe Acrobat Connect나 WebEx 같은 스크린 공유 소프트웨어의 힘을 빌리는 것이 좋다.

• 상상력이 필수적으로 요구된다

페이퍼 프로토타입은 실제 프로그램이 아니다. 따라서 상상력을 동원하여 프로그램 실행 상태를 머릿속에 그려내야만 한다.

• 시각적 표현에 한계가 있다

사용성이나 경험 디자인 설계에 있어 시각 디자인의 임팩트를 측정하고 싶다면 페이퍼 프로토타입은 적합한 선택지가 아니다.

즉석 페이퍼 프로토타이핑

필자는 몇 년 전, 대형 통신업체의 디지털 음성 서비스 제품에 관련한 프로젝트에 참여하고 있었다. 필자와 팀원들은 몇 가지 디자인 콘셉트 시안을 테스트해보고 싶었다. 이미 해당 소프트웨어의 와이어프레임이 완료되어 있는 상황이었기 때문에 페이퍼 프로토타이핑은 가장 합리적인 선택이었다.

여러 디자인 콘셉트 중 '특정 전화 번호 차단'이 있었다. 여러분이 저녁식사 중이라고 상상해보자. 그리고 행복한 그 시간에 866으로 시작하는 텔레마케팅 전화가 걸려온다고 가정해보자. '다시는 이런 전화는 받고 싶지 않다'라는 생각이 절로 들 것이다. 우리는 사용자가 디지털 음성 서비스에 로그인해서 차단 전화번호 리스트를 작성할 수 있는 솔루션을 디자인했다.

우리는 첫 번째 프로토타이핑 참가자에게 시나리오를 알려주고, 그가 어떤 방식으로 차단 번호를 설정할 것인지를 보여 달라고 요구했다. 그는 의외의 행동을 보여주었다. 그는 해당 전화번호에서 마우스 오른쪽 버튼 클릭을 통해 옵션 리스트에 접근한 뒤, '번호 차단'을 선택하는 방식을 기대하고 있었다. 이 방식은 매우 상식적인 접근법이었으나 우리 팀이 고려했던 콘셉트에는 포함되지 않았던 솔루션이었다. (이것은 AJAX가 등장하기 이전의 상황이다.)

그 참가자는 '즉석에서 프로토타입을 편집해야 하는 상황'을 연출해주었다. 필자는 포스트잇을 가지고 몇 가지 옵션 메뉴를 그려 기존의 프로토타입에 붙여가며 참가자와 함께 작업을 진행했다.

간단한 편집 후, "이런 방식을 말씀하시는 게 맞나요?"라고 물었을 때서야 그는 "맞아요, 맞아요. 딱 그런 것을 상상했어요."라고 대답했다.

그 후, 우리는 아홉 명의 추가 참가자들과 함께, 서로 다른 프로토타입 편집 작업을 같은 방식으로 진행했다. 우리가 선택했던 툴이 페이퍼 프로토타이핑이었기 때문에, 즉석에서 바로 편집하여 아이디어를 공유하는 것이 가능했다. 만약 우리가 소프트웨어를 이용한 프로토타입을 메인 툴로 선택했었다면, 이런 식의 작업 전개는 불가능했을 것이다.

핵심적인 페이퍼 프로토타이핑 준비물

필자가 페이퍼 프로토타이핑 워크숍을 진행할 때에는, 각 그룹별로 준비물을 꾸려서 테이블에 올려놓는다. 준비물 리스트는 아래와 같다.

- 종이

A4 용지. 각 디자인의 기초 공사를 할 때 가장 편리하다.

- 트레이싱 페이퍼

A4 사이즈의 투명한 트레이싱 페이퍼가 필요하다. 내비게이션 롤 오버나 라이트박스 효과를 표현할 때 매우 용이하다.

- 인덱스카드

3×5 사이즈의 보통 인덱스카드가 필요하다. 인덱스카드는 대화창이나 위젯들을 표현하는 데 주로 쓰인다. 파란색 보조선은 대화창 메시지를 작성할 때 도움이 될 것이다.

- 포스트잇

필자는 노랑 색상의 포스트잇을 선호하지만, 사실 색상은 크게 문제가 되지 않는다. 포스트잇은 수정 사항을 표시하거나, 스크린에서 강조되어야 할 컴포넌트나 대화창을 표현할 때 주로 사용된다.

- 색연필이나 컬러 마커

마커는 다양한 선 표현을 위해 가는 촉과 넓은 촉을 두루 갖추는 것이 좋다. 검정, 파랑, 빨강, 초록색은 반드시 갖추고 있어야 하는 기본 색상이다. 대부분의 스케치는 파랑이나 검정으로 작업하고, 에러 메시지는 빨강으로, 성공 메시지는 초록으로 표현한다.

- **셀로판테이프나 풀**

위젯을 표현할 수 있는 가장 좋은 수단이다. 참가자가 위젯 프로토타입을 자유로이 움직이면서 화면을 구성할 수 있도록 해 준다.

- **납작한 치실 테이프Dental tape**

치실 테이프는 애니메이션 효과를 시뮬레이팅할 수 있게 해주는 훌륭한 도구다. 과거에는 오디오 플레이어에서의 드래그 효과나 포토 갤러리의 정렬을 표현하는 데 사용하곤 했다.

> **Tip** 위젯의 GUI 표현을 위해 일러스트레이터나 Visio 사용하기
>
> 웹 페이지의 기본 틀이나, 위젯의 GUI 표현을 위해서 손에 익은 그래픽 프로그램을 쓰는 것도 추천할 만하다. 같은 디자인을 여러 장 복사하여 그 위에 프로토타입 아이디어를 손으로 그려보자. 기본 틀을 각 페이지마다 동일하게 유지하는 데 도움이 될 것이다.

프로그레시브 페이퍼 프로토타이핑

이 절에는 페이퍼 프로토타이핑을 좀 더 풍요롭게 만들 수 있는 방법들을 수록하였다. 기초적인 프로토타이핑 기법부터, 수준 높은 테크닉이 요구되는 AJAX 시뮬레이션까지 두루 살펴볼 것이다. 먼저 위젯을 만드는 기

법부터 살펴보자. Rosenfeldmedia.com/books/downloads/prototyping/Paper_Prototype_GUI/ai에서 위젯 형태 페이퍼 프로토타입의 일러스트레이터 파일을 다운로드할 수 있다.

페이퍼 프로토타이핑 기초 재료

페이퍼 프로토타입을 만드는 과정을 요리 레시피라고 생각해보자. 다듬어지지 않은 생 재료들을 조합하여 훌륭한 무언가를 만들어낸다는 점에서 일맥상통함을 알 수 있다. 페이퍼 프로토타입의 기초 재료는 '프로토타입의 뼈대 그림'과 '위젯 요소'다. 이 재료들은 그림 6.2처럼 손으로 그

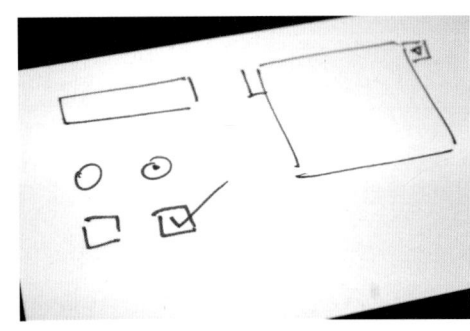

그림 6.2
손으로 그린 위젯 요소

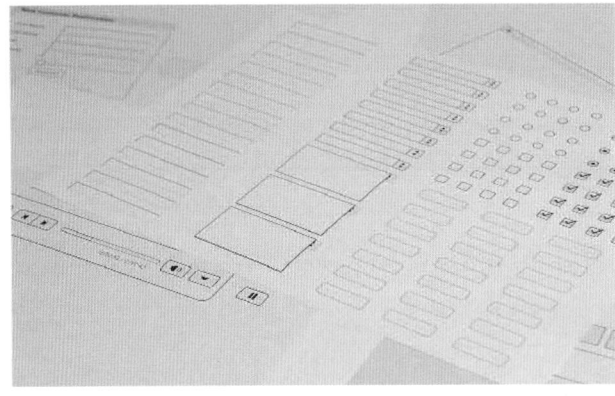

그림 6.3
컴퓨터로 스케치 작업을 한 후에 출력한 페이퍼 프로토타입

릴 수도 있고, 그림 6.3처럼 컴퓨터에서 출력해서 사용할 수도 있다. 이 두 가지 형태의 재료를 모두 쓸 수 있도록 준비해야 할 것이다.

> **Tip** 핸들바 Handlebar
>
> 위젯 요소 프로토타입의 한 쪽 부분을 그림 6.4와 같이 접어 올리면, 떼었다 붙였다 쉽게 할 수 있어, 여러 가지 상황을 연출하는데 도움이 된다.

그림 6.4
위젯 요소의 핸들바

이제 프로토타이핑을 위한 기초 재료를 갖추는 작업이 마무리되었다. 그러면, 실제 예제를 통해 재료의 활용방법을 알아보도록 하자.

'회원 가입 양식'을 페이퍼 프로토타이핑하기

회원 가입 양식은 e-커머스 사이트나 웹 애플리케이션에서 매우 쉽게 찾아볼 수 있는 포맷이다. 그래서 실전 예제로 회원 가입 양식을 프로토타이핑해 보는 것이 시작에 좋다고 판단했다. 아래 기술된 조건을 충족시키는 회원 가입 양식을 만들어보자.

- 성명 입력하기
- 이메일 주소 입력하기(로그인 및 패스워드 확인을 위함)
- 패스워드 입력하기
- 이메일 정보 기억하기
- 가입하기
- 이미 등록된 회원이라면 로그인하기

그림 6.5는 필자가 만든 매우 간단한 예시다.

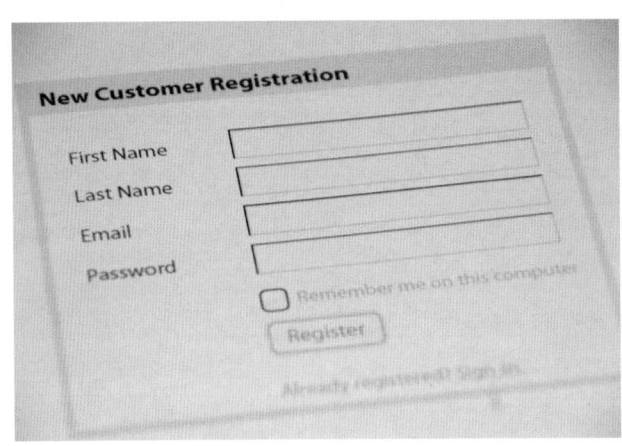

그림 6.5
기본 회원 가입 양식의
페이퍼 프로토타입

상황 변화를 반영하기

현재 '상황'에 대한 변화를 반영할 수 있는지의 여부가 스케치와 프로토타입을 구분하는 가장 큰 포인트다. 상황의 변화는 스크린 전체의 디자인에 영향을 미치는 거시적인 것일 수도 있고, 체크 박스 하나를 추가하는 아주 작은 것일 수도 있다.

페이퍼 프로토타이핑을 진행하는 동안에는, 이러한 변화들을 매우 쉽게 프로토타입 위에 그려서 반영할 수 있다. 테스트 참가자는 펜 하나를 들고, 체크박스에 마킹하는 방식으로 진행해 나갈 수 있다. 그러면 선택을 취소해야 하는 상황이 오면 어떻게 대응하면 좋을까?

위에 기술했던 위젯 요소를 기억해보자. 만일, 어떤 테스트 참가자가 체크박스를 선택하고 싶어 한다면, 그림 6.6에 보이는 것처럼, 체크박스의 위젯 요소를 부착형으로 제작하여 붙이자. 그러면, 선택 해지의 상황에서는 해당 요소를 떼어내는 방식으로 쉽게 대응할 수 있다.

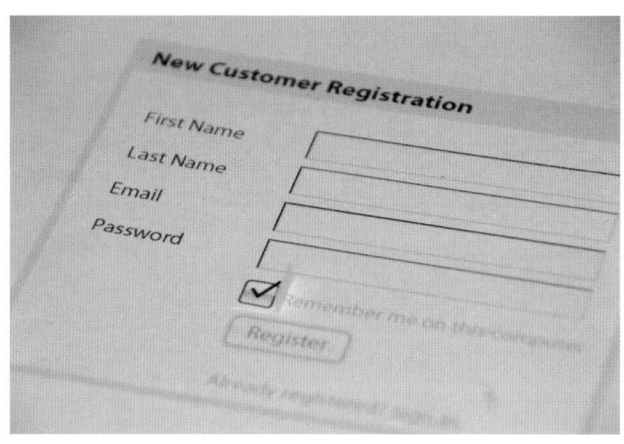

그림 6.6
체크박스 위젯 요소를 활용한 페이퍼 프로토타입

이런 방식의 작업은 메뉴 선택, 라디오 버튼, 오디오 컨트롤 등의 요소들을 표현하는 데에도 동일하게 쓰인다. 그렇다면, 화면 정지나 하이라이트 효과를 표현하고 싶을 때에는 어떤 방법을 쓰면 좋을까? 필자가 즐겨 쓰는 방법은 투명한 트레이싱 페이퍼를 활용하는 것이다.

트레이싱 페이퍼는 매우 융통성이 좋은 도구다. 동영상 정지 상황에서의 화면 변화나 내비게이션 효과(그림 6.7)를 표현하고, 포커스 되는 항목에 하이라이트 효과, 그리고 오버레이 효과를 표현하는 데도 매우 훌륭하게 쓰인다.

그림 6.7
포토 갤러리에서 포커스 썸네일 항목에 하이라이트 효과를 표현하기 위해 트레이싱 페이퍼를 이용한 예

이 테크닉을 앞서 설명한 회원 가입 양식에 적용해보자. 트레이싱 페이퍼를 이용하여 각 항목마다 해당 사항에 대한 도움말 contextual help 을 표현할 수 있음을 알 수 있다. 테스트 참가자가 입력창을 이동할 때마다 해당 입력창에 대한 설명을 오버레이 효과로 보여줄 수 있다.

이 작업을 수행하기 위해서는 아래와 같은 추가적인 재료가 필요하다.

- 노란색 하이라이트 색상을 입힌 투명한 종잇조각 혹은 색상이 입혀진 셀로판 종이
- 3×5 사이즈의 인덱스카드
- 테이프나 고무 접착제

먼저, 입력창에 맞는 사이즈로 트레이싱 페이퍼를 잘라낸다. 그 다음,

도움말 항목으로 표현될 부분에 말풍선 오버레이 효과를 보여줄 부분을 오려서 준비한다. 이 두 가지를 트레이싱 페이퍼 위에 겹쳐 놓으면 그림 6.8처럼 표현할 수 있다. 이런 방식의 프로토타이핑을 진행할 시, 내비게이션은 전적으로 손으로 해야 한다는 점을 잊지 말자.

테스트 참가자가 입력창을 하나하나 이동해 갈 때마다 손으로 트레이싱 페이퍼를 밀어내면서 도움말 항목에 대한 시뮬레이션을 수행할 수 있다. 도움말이 없는 항목으로 진행할 때에는 트레이싱 페이퍼를 떼어내면 간단하다.

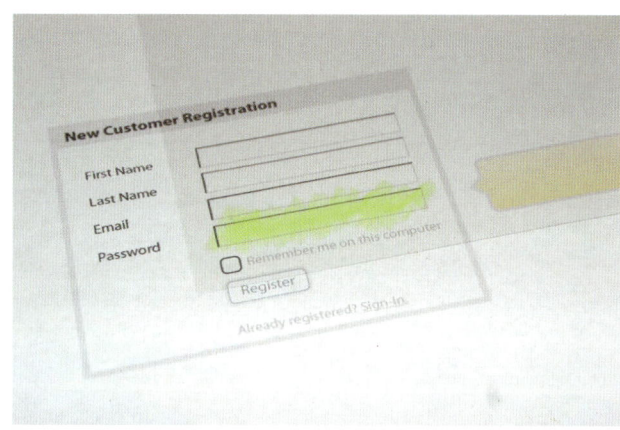

그림 6.8
항목별 하이라이트와 도움말을 보여주는 프로토타입

페이퍼 프로토타이핑의 고급 기술들

페이퍼 프로토타입에 대한 잘못된 정보 중 대표적인 것이, AJAX 스타일의 인터랙션 표현이나 포토 갤러리의 유동적인 상황들을 시뮬레이션 할 수 없다고 전제하는 것이다. 하지만 몇 가지 테크닉만 가지고 있으면 페이퍼 프로토타이핑으로도 충분히 이것들을 소화해낼 수 있다.

AJAX 스타일[1] 중 가장 보편적으로 쓰이는 것은 보여주기/숨기기 효과를 이용한 추가 정보 제공 링크다. 이것을 가장 손쉽게 표현하는 방법은 종이를 접었다 펼치는 것이다. 어려워 보일 듯한 장면이지만, 그저 종이를 한 번 접음으로써 매우 쉽게 해낼 수 있다.

필자가 만든 웹 기반의 보이스메일 위젯을 예로 들어보자. 이 위젯의 기본 상태는 각 보이스 메일의 정보를 압축해서 보여주고 있다. 여기서 '확장-expand' 버튼을 누르면 그림 6.9처럼 선택된 보이스 메일 항목에 대한 추가적인 정보와 액션 리스트가 나타난다. 다시 한 번 그 버튼을 누르면 다시 원래의 리스트 상태로 회귀한다.

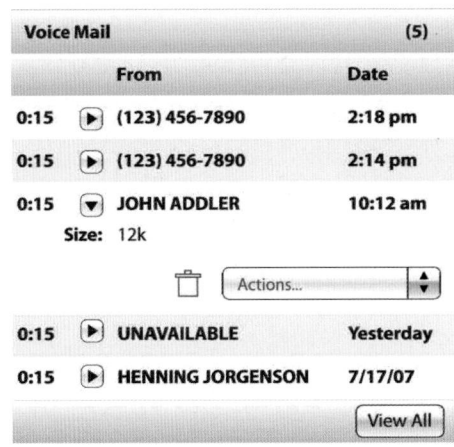

그림 6.9
위젯의 확장 정보 디스플레이 상황

---

[1] 원칙론자들은 AJAX 스타일의 인터랙션을 제대로 표현하려면 서버에서 오는 정보를 모두 다 보여주어야 한다고 주장한다. 하지만, AJAX 효과를 사용하는 대부분의 경우에서는 서버와 실질적인 커뮤니케이션 없이 사용되기 때문에, 그들의 주장에 크게 신경 쓸 필요는 없다.

이 위젯에서 보이는 보여주기/숨기기 효과를 프로토타이핑으로 표현하기 위해서 기준 항목의 아래, 위에 다른 정보를 보여주는 페이퍼 프로토타입을 만들어 접었다. (그림 6.10)

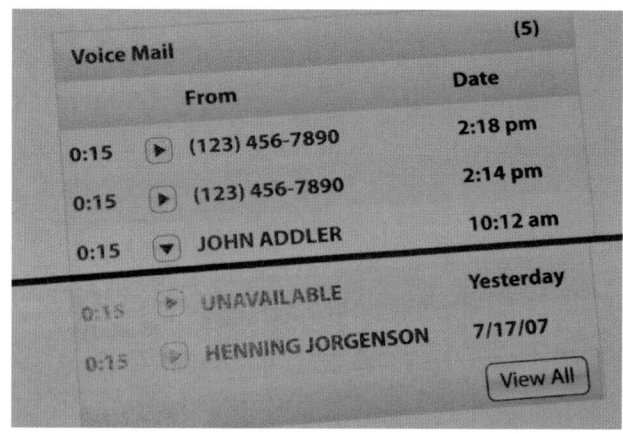

그림 6.10
보여주기/숨기기 효과를 표현하기 위해 종이를 접은 모습

보여주기/숨기기 효과를 시뮬레이션하기 위해 해당 부분을 접어 올렸다. 단순히 접었다 폈다 하는 쉬운 작업만으로도 페이퍼 프로토타이핑은 표현이 가능하다.

또 다른 보편적인 시뮬레이션의 예는 슬라이딩 효과다. 이 테크닉은 포토 갤러리의 객체 플로나 오디오, 비디오 플레이어, iTunes의 커버 플로 효과, 아이폰에 사용되었던 모션 스크롤 등을 표현해내는 데 매우 유용하게 쓰인다. 위에 소개했던 보여주기/숨기기 효과보다는 조금 더 많은 노력이 필요하지만 역시 매우 쉽게 해낼 수 있다.

이 테크닉을 설명하기 위해서 포토 갤러리를 예로 들어보자. 사용자가 슬라이딩 갤러리에서 원하는 이미지를 선택하는 상황을 연출하기 위해서는, 사진들을 창 안에서 움직일 수 있게 만들어 주어야 한다. 이를 제

경계를 넘어서

2009년도 사바나Savannah에서 열린 인터랙션 컨퍼런스에서 필자는 컨베이어 벨트 모양의 포토 갤러리를 페이퍼 프로토타이핑하는 법을 워크숍으로 진행했다. 이때 Yahoo! 유저 인터페이스의 위젯 요소를 예로 들어 진행했는데, 대부분의 참가자 그룹은 Yahoo! 유저 인터페이스YUI의 슬라이딩 이미지 갤러리와 비슷한 모양의 디자인을 만들어냈다. (그림 6.11)

그림 6.11
컨베이어 벨트 방식의 인터랙션을 표현한 기초적인 페이퍼 프로토타입

그러나 그중 두 그룹은 전혀 예상치 못했던 매우 훌륭한 결과물을 선보였다. (그림 6.12)

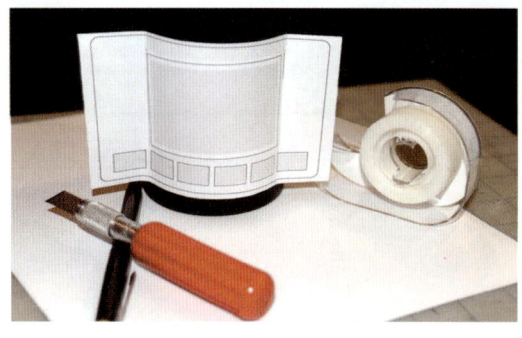

그림 6.12
3D 효과를 채용한 페이퍼 프로토타입

원래 대부분의 워크숍 참가자들은 필자의 예상을 뒤엎은 적이 없었다. 뭔가 과제 수행에 있어 오해가 있었거나, 참가자들의 상상력이 풍부했던 것인지, HTML로는 절대로 현실화할 수 없는 3D 효과의 컨베이어 벨트가 탄생해버렸다.

특정한 소프트웨어 프로그램이나 프로그래밍 언어를 대상으로 작업을 진행할 때, 종종 아이디어 자체를 특정 환경에 고착시키는 경우가 있다. 2D를 지원하는 언어라면 2D에 국한해서만 솔루션을 찾으려 할 뿐, 한계를 뛰어 넘는 창의력을 발휘하지 못하는 경우가 많다.

대로 표현하기 위해서는 메인 창, 썸네일 셀렉터, 띠 형태로 늘어선 사진, 이렇게 세 가지 요소가 필요하다. 그림 6.13은 일러스트레이터로 이 세 가지 요소를 그려 본 것이다.

그 다음에는, 메인 창의 끝을 잘라내야 한다. 띠 형태로 만들어 놓은

그림 6.13
슬라이딩 포토 갤러리를 표현하기 위한 요소들

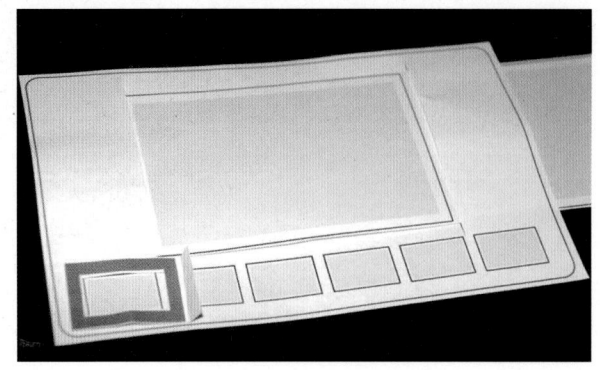

그림 6.14
슬라이딩 효과를 표현할
수 있는 띠 형태의 페이퍼
프로토타입

사진 프로토타입들이 충분히 움직일 수 있을 정도의 공간을 만들어준다. 그리고 그 공간에 띠 형태의 프로토타입을 끼워 넣어 좌우로 움직일 수 있게 다면 완성된다. 완성된 프로토타입은 그림 6.14와 비슷한 형태가 될 것이다.

테스트 참가자가 창 아래의 썸네일 셀렉터를 움직일 때마다 띠 형태의 종이를 좌우로 움직여서 실제 슬라이딩 효과를 연출해낼 수 있다. 납작한 치실 테이프를 이용하면 메인 창 뒤에 띠 형태의 프로토타입 조각을 안정적으로 붙일 수 있을 것이다.

Tip 슬라이더 양 끝에 손잡이핸들 만들기

슬라이더(띠 형태의 프로토타입 요소) 역시 위젯 요소 중 하나다. 슬라이더의 양 끝을 조금 접어서 손잡이를 만들어 두면 좀 더 쉽게 움직임을 표현할 수 있다.

필자는 이 방법을 사용성 테스트를 실시하는 중, 자동 페이지 전환과 수동 페이지 전환에 대해 평가할 때 주로 사용해 왔다. 그리고 이와 비슷한 형태의 위젯을 '줄거리가 있는 이야기'를 표현해야 하는 홈페이지 스크린 구성을 위해 제작했다.

    참가자 중 절반에게는, 홈페이지를 보여주고 이야기 콘텐츠를 실행하기 이전에, 참가자들이 직접 이야기의 특정 구간을 선택할 수 있는 기회를 주었다. 그들과 대화를 나누면서, '수동 실행' 대신 '자동 실행' 방식을 차용하는 것에 대한 피드백을 수집했는데, 참가자들은 다소 흥미가 떨어진다는 반응을 보였다.

    나머지 절반의 참가자들에게는 홈페이지를 보여준 다음, 수 초 뒤에 자동으로 이야기 콘텐츠가 실행되는 것을 보여주었다. 몇몇 참가자들은 이 효과를 본 후 상당한 흥미를 나타냈다. 그들은 호기심 어린 눈으로 실제 만들어질 홈페이지에서 그 효과가 실현 가능한지 물었다.

    단순히 말로만 설명을 했을 때보다, 실제로 구현되는 장면을 직접 보여주었을 때, 사용자들로부터 좀 더 풍부한 피드백을 받을 수 있었다. 코딩 한 줄 없이 멋진 성과를 만들어 낼 수 있다! 멋지지 않은가?

제품 디자인을 위한 페이퍼 프로토타이핑

페이퍼 프로토타이핑은 소프트웨어 인터페이스를 디자인할 때만 쓰이지 않는다. 사실, 페이퍼 프로토타이핑은 소프트웨어와 하드웨어 사이의 시각차를 줄여 줄 수 있는 몇 안 되는 훌륭한 도구이다. 따라서 손에 쥐고 작동시켜야 하는 모바일 같은 기계나, ATM과 같은 기계를 위한 인터랙션을 디자인할 때에는 페이퍼 프로토타이핑 실시를 고려해야 할 것이다.

    제품 디자인은 소프트웨어 상의 인터페이스에 비해 손가락과의 접촉점을 이용한 인터랙션들을 많이 가지고 있다. 이런 특징으로 인해 페이퍼 프로토타이핑이 더욱 가치를 발할 수 있다. 종이를 이용하면, 그림

그림 6.15
아이폰 페이퍼 프로토타입

그림 6.16
지하철 승차권 자동발매기의
페이퍼 프로토타입

6.15와 같이 아이폰의 하드웨어를 구현하거나, ATM, 지하철 승차권 자동발매기 같은 시스템과 연계되는 소프트웨어 디자인을 쉽게 만들어낼 수 있다.

제품 디자인의 스크린 변화를 표현하기에 이보다 더 좋은 방법이 있을까? 제품 디자인의 프로토타입 역시, 앞서 함께 살펴본 가이드와 테크닉을 참고하면 누구나 쉽게 만들 수 있다. 윈도의 프레임을 그려서 제품 디자인 형태에 붙인 뒤, 스크린 부분에 슬라이드 효과를 표현했을 때처럼 띠 형태의 슬라이더를 만들어 화면 변화를 표현할 수 있다. 프로그래밍 코드 한 줄 없이 이 모든 것이 가능하다.

위젯 요소들을 표현하기 위한 자석 도구들 – GUI 마그넷

위젯 요소들을 쉽게 표현하기 위해서, 각 요소의 그림 뒤에 자석을 붙인 도구들이 있다. 이것을 GUI 마그넷이라 한다. 이 GUI 마그넷은 페이퍼 프로토타입을 화이트보드에 붙여놓고 협력 작업을 진행할 때 수고를 덜게 해준다. 드래그-앤드-드롭 방식 등의 인터랙션을 표현하기도 쉬우며, 즉석에서 여러 형태의 화면을 조합하여 최적의 인터페이스를 찾아가는 데에도 많은 도움을 주는 도구다.

요약

여러분이 작업한 페이퍼 프로토타이핑 프로세스의 신뢰도는 어떤가? 지지받는 느낌이 드는가? 아니면 여러 논쟁거리에 시달릴 것 같은 느낌이 드는가?
걱정하지 말자! 어쨌든 여러분은 왜 필자가 페이퍼 프로토타이핑이 강력한 방법이자 툴이라고 주장했는지 알 수 있을 테니….

- 페이퍼 프로토타이핑은 빠르게, 값싸게(대개는 공짜로!), 그리고 아주 쉽게 만들 수 있다.
- 언제 어디에서나 제작 및 시연이 가능하다 – 컴퓨터가 따로 필요 없다.
- 협력 작업이 이루어져야 할 때 적합한 몇 안 되는 유용한 툴 중에 하나다.

CHAPTER 7

파워포인트와 키노트

장점　**124**

약점　**126**

파워포인트를 이용한 서술형 프로토타입 만들기　**127**

파워포인트를 활용한 인터랙티브 프로토타입 만들기　**131**

파워포인트 내에서 사용하는 AJAX 효과들　**135**

요약　**137**

파워포인트와 키노트의 활용 적합도

프로토타이핑 모델

- 종이 기반 모델 ◐
- 디지털 기술 활용 모델 ◐
- 서술성 모델 ●
- 양방향성 모델 ◐
- 속성 모델 ●

적용 단계

- 제품 기획 초기 단계 ●
- 제품 기획 말기 단계 ◐

호환성 및 비용

- Mac ●
- Windonws ●

이동성 및 사용성

- 웹 ●
- 모바일 ◐
- 물리적 구동 ○
- 코드 재사용성 ○

협업, 배포 및 추적 가능성

- 협업 ◐
- 배포 ◐
- 추적 가능성 ◐

● 매우 적합   ◐ 비교적 적합   ○ 적합지 않음

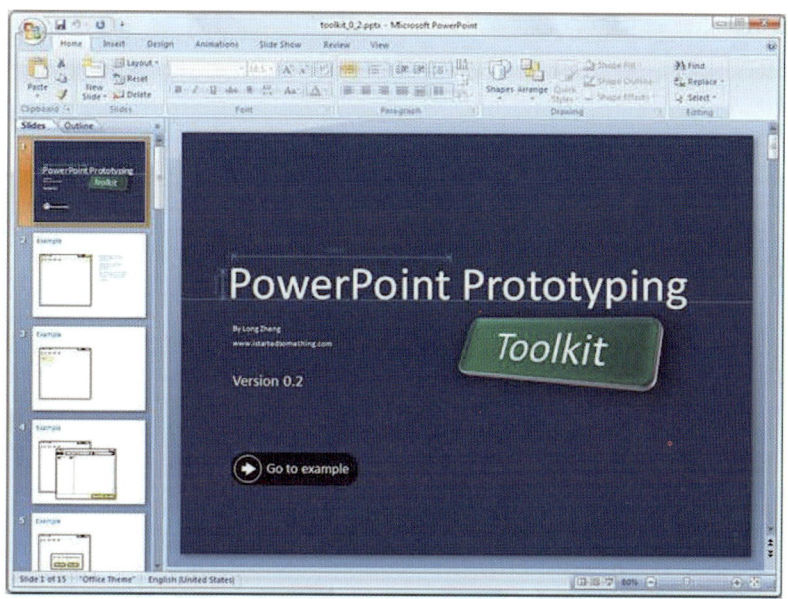

그림 7.1
파워포인트 2007로 만들어진 프로토타입의 예
www.istartedsomething.com/20071018/powerpoint-prototype-toolkit-01

마이크로소프트의 파워포인트와 애플의 키노트는 프레젠테이션 자료를 만드는 도구 이상으로 활용할 수 있다. 이 두 프로그램은 Axure나 Flash, HTML같이 강력한 기능을 갖고 있지는 않지만 대중적인 프로토타이핑 도구이다.

얼마나 대중적일까? 업계에서는 약 40% 이상이 프로토타이핑을 위해 이 두 도구를 사용 중이다. 사실 파워포인트는 마이크로소프트의 Windows 7, Windows Live, 인터넷 익스플로러, Expression Blend 등의 소프트웨어를 디자인하는 과정에서 핵심 역할을 수행하였다.[1]

현재 파워포인트는 마이크로소프트의 워드 프로그램처럼 어디에나 깔려 있다. 파워포인트는 마이크로소프트의 오피스 패키지에 포함되어 제공되는데, 대부분의 기업들이 이를 사용하고 있다. 마이크로소프트 오피스를 사용하지 않는 사용자들은 애플의 iWork를 사용하는 경우가 많은데 여기에 키노트가 포함되어 있다.

프로젝트를 진행하는 중, 클라이언트나 디자이너에게 포토샵 파일을 전달받아 프로토타입을 만들어 달라고 의뢰받은 경험이 있는가? 이럴 경우 전통적인 방법, 예를 들어 드림위버 등의 언어 툴과 이미지 맵 태그 등을 사용해서 프로토타이핑을 할 수도 있지만, 파워포인트나 키노트를 사용하는 것도 가능하다.

이 장에서는 서술형과 인터랙티브 프로토타이핑을 위해 파워포인트와 키노트를 사용하는 방법을 알아보고자 한다. 그리고 AJAX 시뮬레이션을 제작하는 기법도 알아보자.

장점

프로토타이핑에서 두 프로그램의 장점은 다음과 같다.

- **배우기 쉽다**

특정 기술이 표현하고자 하는 바에 완벽히 대응할 수 있다. 이들은 드래

---

[1] www.istartedsomething.com/20071014/microsoft-prototpying-powerpoint/
(링크에서 'prototyping' 오타가 있다.)

그-앤-드롭 방법을 사용하기 때문에 인터랙티브한 구성을 제작하는데 별도의 코딩이 필요하지 않다.

- **익숙함과 대중성**

아마도 파워포인트의 가장 큰 이점은 거의 모든 사람의 컴퓨터에 널리 설치되어 있다는 점일 것이다. 이 프로그램은 사방에 존재한다. 세상에 존재하는 대부분의 컴퓨터가 맥과 윈도를 기반으로 하고 있고 이들은 파워포인트나 키노트 프로그램을 갖고 있다. 제작자는 물론이고 이를 읽을 상대편도 같은 프로그램을 갖고 있다는 것 자체가 커다란 이점이다. 만약 파워포인트나 키노트가 없는 상대와 프로젝트를 진행하게 된다면 PDF나 HTML로 내보내 내용을 공유할 수도 있다.

- **마스터 슬라이드**

두 프로그램은 마스터 슬라이드를 사용해서 템플릿을 제작하고 복수의 슬라이드에서 공통의 요소를 활용할 수 있다. 마스터 슬라이드는 제작의 효율성과 일관성을 확보하는 데 도움을 준다.

- **복사하여 붙이기**

각 프로그램은 하나의 독립적인 개체는 물론 전체 화면을 쉽고 빠르게 복사할 수 있다.

- **드래그-앤-드롭으로 정렬하기**

화면의 순서를 정리하는 것이 드래그-앤-드롭을 하는 것 만큼이나 단순하다. 테이블 모드는 슬라이드를 격자무늬 형태로 보여주는데, 이는 프로토타입을 전체적으로 보면서 정렬하기에 편리하다.

• HTML과 PDF로 내보내기

프로토타입을 웹브라우저에서 구동해야 하는 경우가 있다면, HTML로 내보내 사용하면 된다. PDF로 내보내고 Acrobat을 이용하면 파워포인트와 키노트의 기능을 넘어서는 추가적인 인터랙티비티(양방향성)[2]를 구현할 수 있다.

약점

이 툴들에는 몇 가지의 약점도 존재하는데, 이는 다음과 같다.

• 제한적인 그리기 도구

파워포인트와 키노트에 포함되어 있는 그리기 도구는 가장 기본적인 형태다. 좀 더 충실한 디자인을 제작하고 싶다면 Illustrator나 Fireworks, Photoshop을 활용하는 것이 좋다.

• 제한적인 인터랙티비티

인터랙티비티는 하이퍼링크를 제작하는 정도로 제한되어 있다. 하이퍼링크는 프로토타입 내에 존재하는 화면이나 URL에 포함된 다른 화면을

---

[2] (옮긴이) interaction도 마찬가지지만 interactivity를 정확하게 표현할 만한 적당한 번역어를 찾기 어려웠다. 이 책에서 '양방향성'으로 표기하기도 했으나 인터랙션과 함께 인터랙티비티도 소리 나는 대로 적었다.

연결하는 용도로만 사용된다.

- **재사용이 불가능한 소스코드**

두 프로그램 모두 소스코드의 재사용이 불가능하다. 프로토타입은 생산의 용도로 제작되지는 않기 때문에 이는 대부분 문제가 되지 않는다. 그러나 재사용 가능한 소스코드를 만들어 내는 것이 목표라면 다른 방법을 고려하자.

불필요한 반복을 줄이기 위해서 이 장의 나머지 부분에서는 파워포인트와 키노트를 파워포인트로 줄여 부르고자 한다. 별도의 명시가 없는 한, 책에서 언급되는 기능들은 두 프로그램 모두에 적용이 가능하다. 양쪽에 모두 적용되는 경우가 아니라면 키노트에 활용할 수 있는 방법이 별도로 첨부될 것이다.

파워포인트를 이용한 서술형 프로토타입 만들기

서술형 프로토타입은 기본적인 애플리케이션의 흐름에 대한 높은 수준의 피드백을 받거나 시스템의 시각적 구성을 평가하기 위해 종종 사용된다.

개인적으로는 과거에 모바일이나 비디오 녹화장치 같은 순차적인 시스템을 시험할 때 이 방법을 사용하곤 했다. 또한 다수의 시각적 디자인에 대한 평가를 수행할 때도 사용하였는데, 이 내용은 이 책의 Chapter 12, 「프로토타입 테스트하기」에서 기술하였다.

파워포인트에서 일련의 순차적인 흐름을 따라가는 서술형 프로토타입을 구성하는 것은 매우 간단한 작업이다. 프로젝트에서 필요한 화면 구성을 포토샵이나 파이어웍스 같은 다른 그래픽 도구로 구성하였다면 화면에 보여주고 싶은 순서대로 끌어와 놓으면 그만이다. 간단히 프레젠테이션을 실행하고 슬라이드를 따라가도록 하자.

여기에는 화려한 방법이나 기술, 코딩이나 수정이 필요하지 않다. 파워포인트의 기본 세팅 정도면 다른 프로그램에서 작업한 서술형 프로토타입의 화면을 보여주기에 충분하다. 파워포인트와 키노트를 위한 프로토타이핑 샘플을 아래의 주소에서 받을 수 있다.

Rosenfeldmedia.com/books/downloads/prototyping/chapter7.zip

파워포인트로 프로토타입 화면을 제작할 때에는 세 가지 기본적인 단계를 거친다.

1단계: 파일 준비하기

1. 프로그램 메뉴에서 파일>새파일을 선택하여 빈 화면을 준비한다.
2. 웹브라우저 화면을 저장하든가, Visio, Illustrator 등의 그림 툴을 사용하여 일반적인 창 화면을 만든다.
3. 마스터 슬라이드를 선택하고 이 화면을 마스터의 백그라운드로 사용한다.
4. 필요한 템플릿 화면을 마스터 슬라이드에서 만들 수 있도록 세 번째 과정을 반복적으로 수행한다.

2단계: 파워포인트에서 마스터 슬라이드에 배경화면 적용하기

마스터 슬라이드가 선택된 상태에서 우측 마우스 버튼을 누르고 '효과 채우기'를 선택하여 원하는 배경이미지를 선택하여 넣을 수 있다.

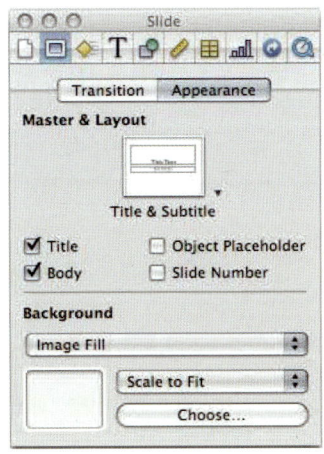

그림 7.2
키노트에서 마스터 슬라이드에 배경 이미지 적용하기

또 다른 방법: 키노트에서 마스터 슬라이드에 배경화면 적용하기
마스터 슬라이드를 선택한 상태에서 슬라이드 '속성Inspector'에 위치한 '개체 삽입Appearance' 옵션을 선택하고 그림 7.2처럼 배경화면을 선택하여 원하는 그림으로 채워 넣는다.

3단계: GUI 위젯 일반 세트 생성하기

Visio, OmniGraffle, Fireworks 그리고 Illustrator 등의 프로그램은 모두 프로그램 구성파일 내에 기본적으로 포함되어 있는 GUI 라이브러리가 있다. 파워포인트에서 GUI 라이브러리를 생성하는 가장 쉬운 방법 중 하나는 이런 툴들에 있는 라이브러리 중 하나를 복사해서 사용하는 것이다.

GUI 위젯을 만들기 위해 파워포인트의 기본 도형 도구를 사용하려 한다면, 개인적인 의견으로는 조금 엉성하고 기초적이어서 추천하고 싶지 않다. 게다가 대부분의 디자이너라면 그림을 그리는 프로그램에 각자의 라이브러리를 갖고 있을 테니, 또 다시 이를 만들어야 할 이유는 없다.

파워포인트를 위해 이미 만들어 놓은 GUI 위젯을 찾아보기를 원한다면 istartedsomething.com에서 제공하는 파워포인트 프로토타이핑 툴킷을 활용할 수 있다. 이 툴킷은 애플리케이션 창, 대화창, GUI 관리 도구들을 Windows Vista 버전 기반으로 제공하고 있다. (그림 7.3)

> **Tip** GUI 마스터
>
> 마스터 슬라이드를 생성하여 GUI 위젯 팔레트처럼 사용하자. GUI 위젯이 필요할 경우 마스터 슬라이드에 포함된 GUI 팔레트에서 복사하여 사용할 수 있다.

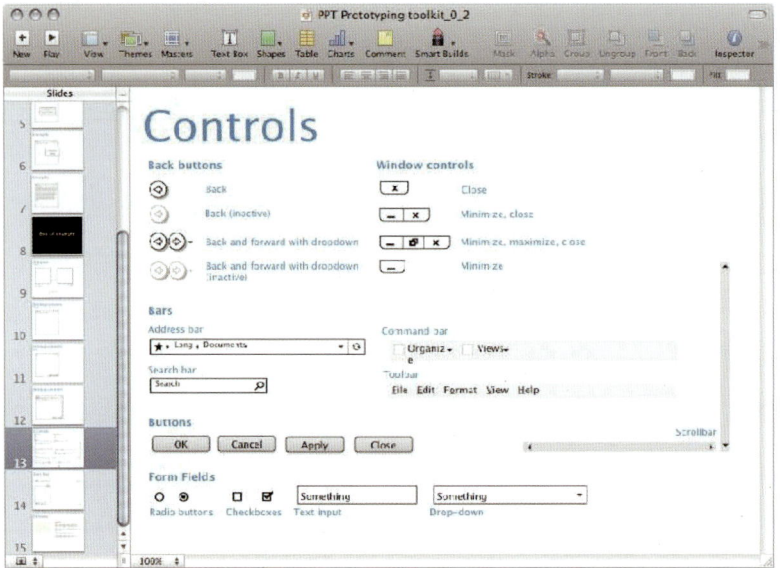

그림 7.3
파워포인트 프로토타이핑 툴킷

파워포인트를 활용한
인터랙티브 프로토타입 만들기

파워포인트는 기본적인 양방향성을 구현하기 위한 가장 쉬운 도구일 것이다. 마우스를 클릭만 하면 인터랙티브 파워포인트 프로토타입을 만들 수 있다. 서술형 프로토타입을 기초로 삼아 몇 가지만 더 추가하여 보자.

- 키프레임이나 시작/끝 지점을 생성하라.
- 슬라이드에 의미 있는 이름을 부여하자.
- 각 버튼에 하이퍼링크를 붙여 넣자.

1단계: 키프레임 제작하기

키프레임은 프로토타입 시뮬레이션에서 핵심 시작/끝 지점을 나타낸다. 예를 들어 검색/결과 시나리오에서는 다음과 같은 키프레임이 있을 수 있다. 처음 검색어를 입력하는 화면, 검색 결과가 표시되는 화면 그리고 사용자가 검색 결과에서 선택한 각기의 화면.

2단계: 마우스 클릭으로 슬라이드 작동하지 않기(파워포인트 전용)

1. 슬라이드 쇼 메뉴에서 슬라이드 전환을 선택한다.
2. 고급 슬라이드에서 마우스 클릭On mouse click이 기본으로 설정되어 있는데(그림 7.4), 이를 클릭하여 비활성을 시키고 전체 슬라이드에 적용한다.

그림 7.4
파워포인트의 슬라이드 설정 고급화면에서 마우스 클릭 비활성화하기

파워포인트는 100% 투명한 객체에 대해서는 하이퍼링크를 사용할 수 없게 제작되어 있음을 유의해야 한다. 비주얼 디자인 요소나 스크린 캡처를 활용하여 이미지를 파워포인트에 적용시켜 인터랙티브를 구성하는 경우에는 이를 유념하자.

예를 들어 그림 7.4에 보이는 슬라이드 전환을 프로토타이핑으로 제작해 보자. 이 화면에는 몇 가지 액션이 있는데, '취소' '모든 페이지에 적용' '적용'이 여기에 포함된다. 개인적으로는 이런 항목 하나하나에 일일이 버튼을 만들어 주는 것보다는 세 가지 버튼을 포함하여 보여주는 모양을 그린 후 투명하게 만들고, 다른 화면으로 이동하는 동작이나 하이퍼링크를 적용할 것이다.

파워포인트에서는 이 모양이 100퍼센트 투명할 경우 하이퍼링크를 포함할 수 없다. 제2의 해결책은 1퍼센트라도 불투명도를 적용하는 것이다.

Tip 1퍼센트

파워포인트를 사용할 때 하나의 객체에 하이퍼링크를 사용하고 싶다면 최소한 1퍼센트의 불투명도라도 설정하라.

3단계: 버튼에 하이퍼링크 및 인터랙션 추가하기(파워포인트)

1. 인터랙션을 추가하기 위해, 하나의 버튼 객체를 선택하고 우측 마우스 버튼을 누른다. 이때 메뉴에서 그림 7.5와 같이 액션 설정 Action Setting을 선택한다.
2. 하이퍼링크를 선택하고 다른 슬라이드나 URL을 설정하자. (그림 7.6)

> **Tip** 이름 붙이기
>
> 슬라이드에 의미 있는 이름을 부여하자. '슬라이드 41' 같은 이름보다는 특정 이름이 표기되어 있는 편이 링크를 작성할 때 실수할 확률을 많이 줄여준다.

그림 7.5
파워포인트에서 하이퍼링크를 선택하는
우측 마우스 버튼 클릭 메뉴

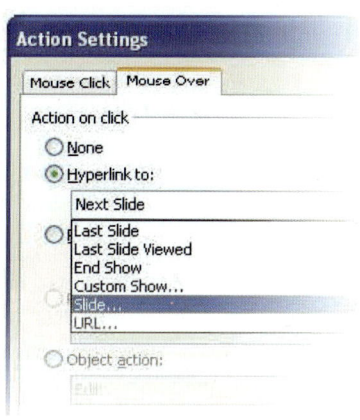

그림 7.6
파워포인트에서 인터랙션을 추가하는 마우스
선택/마우스 오버

4단계: 버튼에 하이퍼링크 및 인터랙션 추가하기(키노트)

1. Inspector에 포함된 하이퍼링크 패널을 선택한다.
2. 하이퍼링크 옵션을 '가능' 상태로 설정하고 슬라이드나 URL을 입력한다. (그림 7.7)

버튼을 하이퍼링크로 설정하면 그림 7.8과 같이 파란 원으로 둘러 싸인 화살표를 보게 될 것이다.

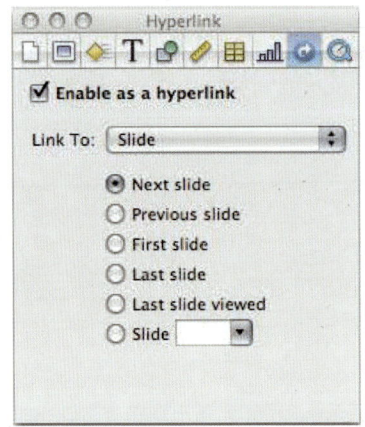

그림 7.7
키노트 슬라이드에 인터랙티비티 추가하기

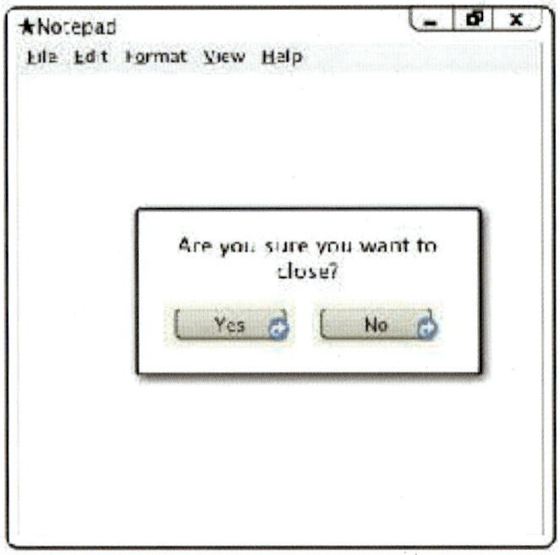

그림 7.8
인터랙티비티나 하이퍼링크가 추가된 버튼의 예

지금까지 살펴 본 방법으로 인터랙티브 프로토타입을 구성할 수 있다. 다른 프로그램과 달리 파워포인트는 사용하기 쉬운 것을 알 수 있을 것이다.

파워포인트 내에서 사용하는 AJAX 효과들

파워포인트에 기본적으로 제공되는 전환효과를 통해 일반적인 AJAX 효과를 쉽게 시뮬레이션 할 수 있다. 예를 들어 JavaScript에서 페이드fade 기능을 살펴보자. 이 기능은 수 초 동안 스크린에 표시된 한 오브젝트의 백그라운드를 강조하는 데 사용된다. 이후 백그라운드 색상이 소멸되고 하이라이트 부분 역시 사라진다. 아마 이것은 파워포인트에서 가장 쉽게 시뮬레이션할 수 있는 효과 중 하나일 것이다.

1. 두 개의 키프레임 슬라이드를 만든다. 하나는 하이라이트를 보여주고(그림 7.9) 다른 하나는 하이라이트가 없는 상태로 제작한다(그림 7.10).
2. 하이라이트가 있는 슬라이드에서 시작하여 전환효과를 선택한다. 디졸브Dissolve를 선택하고 전환을 시작해 보자. 전환 시간은 1초 정도로 설정한다.

하이라이트가 포함된 키프레임은 사라지면서 하이라이트 없는 화면이 나타나게 되고 이것은 자바스크립트의 페이드 기능을 시뮬레이션한 것과 같다.

이뿐 아니라, 파워포인트에서는 각 객체에 대한 움직이기, 투명도 조절, 크기 조절 등의 효과도 적용하여 볼 수 있다. 필자 역시 이런 효과들을 사용하여 화면에 객체를 노출하거나 숨기는 다른 AJAX 효과들을 시뮬레이션해왔다.

결과적으로 보면 프로토타이핑에 필요한 AJAX 전환효과를 직접 프로그래밍할 수 없어도, 파워포인트를 통해 대체적인 구성이 가능하다.

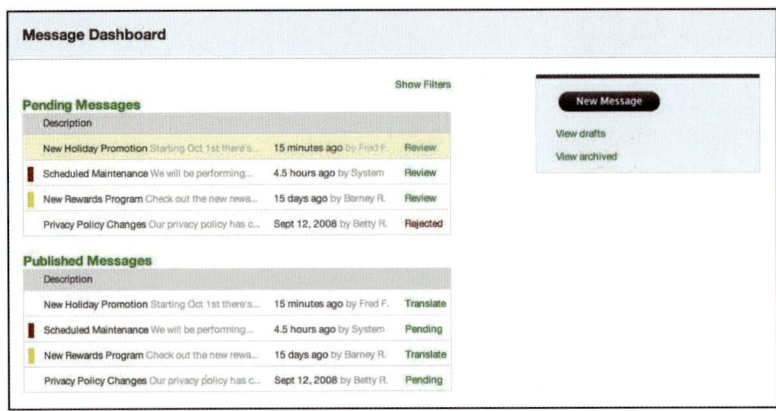

그림 7.9
자바스크립트 페이드 기능을 위해 하이라이트가 포함된 키프레임

그림 7.10
자바스크립트 페이드 기능을 위해 하이라이트가 제거된 키프레임

요약

프로토타이핑을 제작할 경우 다음과 같은 이유로 파워포인트와 키노트를 고려해 볼 만하다.

- 이미 이 프로그램을 보유하고 있을 가능성이 높다.
- 학습하기 어렵지 않다.
- 마스터 슬라이드를 통해 일관적이고 효율적인 작업이 가능하다.
- 프로토타입을 마우스 클릭이 동작하는 PDF나 HTML 형태로 만들어 낼 수 있다.

CHAPTER 8

비지오 Visio

장점 **142**

약점 **143**

Visio를 이용한 프로토타이핑 **145**

추가 자원 **153**

요약 **156**

비지오의 활용 적합도

프로토타이핑 모델
종이 기반 모델 ●
디지털 기술 활용 모델 ◐
서술성 모델 ●
양방향성 모델 ◐
속성 모델 ●

적용 단계
제품 기획 초기 단계 ●
제품 기획 말기 단계 ◐

호환성 및 비용
Mac 해당 없음
Windonws ●

이동성 및 사용성
웹 ●
모바일 ◐
물리적 구동 ○
코드 재사용성 ○

협업, 배포 및 추적 가능성
협업 ◐
배포 ◐
추적 가능성 ●

● 매우 적합   ◐ 비교적 적합   ○ 적합지 않음

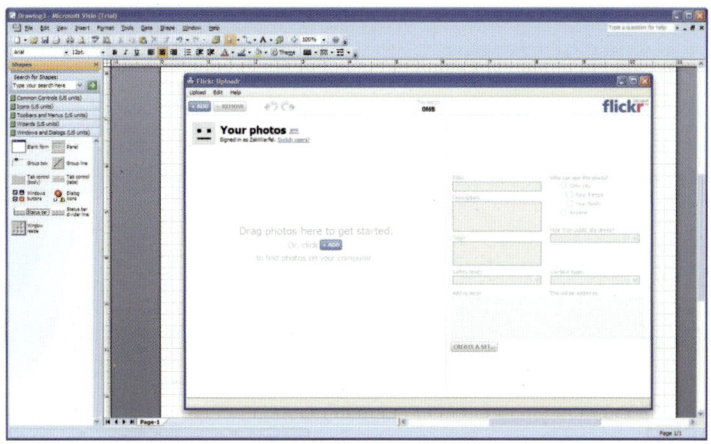

그림 8.1
Visio 2007 professional을 이용한 Flickr upload 다시 만들기

윈도 환경에서 작업해 본적이 없는 디자이너라면 Visio를 사용해볼 기회다. Visio를 도표 작성하는 툴로만 정의하지 말자. Visio는 유용한 프로토타이핑 도구로 활용할 수 있다.

Visio는 학습하기 어렵지 않다. 페이지에서 하나의 객체를 끌어 당겨 놓는 것만으로도 웹 기반 혹은 PC 기반의 인터페이스를 제작할 수 있다. Visio는 기본적으로 모양 도구인 셰이프shape와 스텐실stencil 그리고 템플릿을 상당수 제공하며 이를 통해 빠르고 쉽게 인터페이스를 만들 수 있다. 기본으로 제공되는 것들이 충분하지 않을 경우 인터넷 검색을 통해 써드파티의 스텐실이나 템플릿, 프로타이핑 툴킷을 이용할 수 있다.

이번 장에서는 Visio의 기본 기능들과 대중적인 써드파티 스텐실, 툴킷 라이브러리를 이용하여 프로토타이핑하는 방법을 살펴볼 것이다. 마지막에는 추가적인 써드파티 솔루션들의 링크를 기록해 두었다.

장점

Visio가 프로토타이핑 툴로 바로 와 닿지는 않을 수 있지만, 이 툴은 다음과 같은 몇 가지 장점 때문에 고려해 볼 만하다.

• **배우기 쉽다**

Visio는 상대적으로 학습이 용이한 객체 기반의 드래그-앤-드롭을 통해 드로잉할 수 있도록 하였다.

• **친숙함과 대중성**

Visio는 Windows 환경에서 근무하는 직장인이나 기술 전문가들에게 일반적인 도구로 널리 퍼져 있다. 사용자의 컴퓨터가 Windows를 갖고 있고 기업에 소속되어 있는 경우 이미 Visio를 갖고 있을 가능성이 높다.

• **배경 기능**

Visio는 배경Backgrouind 기능을 지원하는데 이를 응용하여 다수의 화면에 자주 쓰일 요소를 쉽게 지정할 수 있다.

• **풍부한 스텐실, 셰이프, 템플릿**

Visio는 네트워크 다이어그램부터 윈도 프로그램의 인터페이스를 표현하기 위한 충분한 수의 스텐실, 셰이프 그리고 템플릿을 기본적으로 탑재하고 있다. 기본으로 제공되는 내용이 부족할 경우 빌 스콧Bill Scott, 제이코 뉴랜드Jacco Nieuwland, 닉 핑크Nick Finck, 가렛 다이몬Garrett Dimon 등과 같은 유명한 사람들이 제작한 솔루션을 구해 사용할 수 있다. 이 장의 마지막 부분에서 이 목록을 소개할 것이다.

- **HTML과 PDF로 보내기**

사용자가 Visio를 안 쓸 경우 언제든 HTML이나 PDF 형식으로 파일을 보낼 수 있다.

- **프로그래밍 가능성**

Visual Basic과 같은 프로그램에 익숙하다면 Visio와 함께 높은 수준의 인터랙티비티를 구현할 수 있다.

약점

기초적인 프로토타이핑에 장점을 갖고 있는 Visio이지만, 프로토타이핑 툴로서는 효율성의 한계를 갖는 일부 단점도 갖고 있다.

- **Windows 제한**

Visio는 Mac에서는 동작하지 않는다. 프로토타입을 제작하려는 맥 사용자에게 Visio는 사용 가능한 옵션이 아니다. 가상화 virtualization 소프트웨어를 사용하여 윈도를 구동한다면 Visio를 사용할 수 있지만, 다른 대안이 꽤 많기 때문에 이 정도까지 수고를 감수할 필요는 없다.

- **제한적인 인터랙티비티**

인터랙티비티와 관련된 기본 기능은 하이퍼링크뿐이다. 하이퍼링크는 프로토타입 내의 다른 화면이나 URL로 연결해 주는 기능으로만 사용할 수 있다.

• 제한적인 고급 인터랙티비티

Visio 내에서는 Visual Basic을 통해 고급 인터랙티브를 어느 정도 구현하는 것이 가능하지만, 대부분의 Visio 사용자에게는 어려울뿐더러 굉장히 불편하다.

• 내보내기 실행 시 배경의 링크 오류

Visio에서 작업한 프로토타입을 HTML이나 PDF로 내보낼 때 배경Background에 포함된 링크는 지원되지 않는다. 이런 상황에서 전체 페이지에 적용되는 탐색 기능을 넣고 싶다면 모든 페이지에 직접 작업을 하거나 보이지 않는 요소들을 연결해야 한다. 이런 한계는 배경 기능의 의미를 조금 퇴색시킨다. 이것은 꽤 중요한 문제다.

• 어색한 메뉴와 인터페이스

Visio는 약간 어색하고 직관적이지 않은 메뉴로 구성되어 있다. 몇 가지 예를 들어보면, 우선 하나의 객체에 하이퍼링크를 추가할 때 우측 마우스 버튼을 사용할 수 없어 메인 메뉴에서만 가능한 것이 있다. 또 셰이프Shape 도구를 열고 싶을 때 메인 메뉴의 목록에서 '파일'을 선택해야 하는데, '보기View'나 '도구Tools' 아래 포함되는 것이 좀 더 논리적으로 보인다. 또한 20페이지 이상으로 구성된 문서를 탐색할 때는 지나치게 무거워진다. 탐색을 페이지 요약 탭으로만 해야 하는데, 뭔가 잘못된 것처럼 느껴진다.

- **재사용이 불가능한 소스코드**

Visio를 HTML로 내보낼 경우 전체 페이지를 이미지로 만들고 하이퍼링크에는 이미지 맵을 생성한다. 결과적으로 스크린 캡처 기능과 크게 다르지 않다.

Visio를 이용한 프로토타이핑

Visio는 Windows XP 사용자 인터페이스를 위한 플로 다이어그램과 UML 문서를 제작하기 위한 많은 수의 유용한 템플릿을 탑재하고 있다. 한 예로, 이 장에서는 플리커 업로드 애플리케이션(Yahoo!에서 운영하고 있는 사진 공유 사이트 Flickr에 사진을 올리는 프로그램)을 재구성해보자. 예제로 구성된 Visio 파일은 다음의 링크에서 다운로드할 수 있다.

Rosenfeldmedia.com/books/downloads/prototyping/Visio_Demo.vsd

1단계: 새로운 파일 생성

1. 메뉴에서 '파일'을 선택하여 새로운 파일을 만드는 것으로 시작하자. 파일 메뉴에서 볼 수 있듯이 Visio에는 유용한 옵션이 제법 많다. (그림 8.2)

2. '새 그리기 New Drawing'를 선택하면 기본 셰이프와 스텐실이 탑재된 공란의 드로잉 화면이 생성될 것이다. '템플릿 중 새 그리기 New Drawing from Template'를 선택하면 각자 알맞은 템플릿을 사용할 수 있다. 물론 메뉴에서 보이는 기본 제공 목록 중 하나를 선택하여도 좋다.

3. 템플릿에는 이에 어울리는 셰이프와 스텐실들이 자동적으로 함께 불려온다.

아래에서 설명하는 예제는 '소프트웨어와 데이터베이스' 옵션에서 'Windows XP 사용자 인터페이스'를 선택한 것이다. (그림 8.3)

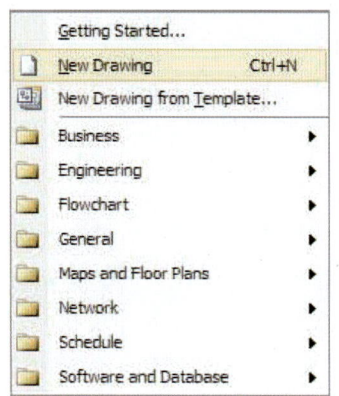

그림 8.2
Visio의 새 파일 메뉴

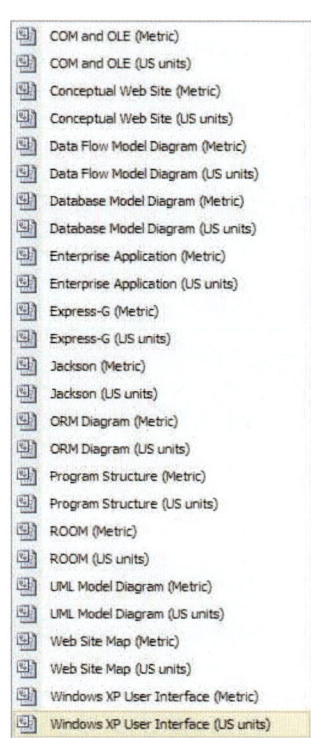

그림 8.3
New drawing 메뉴의 Windows XP 사용자 인터페이스 옵션

2단계: 기본 애플리케이션 윈도 구성하기

1. 'Window and Dialogs' 패널에서 'Blank form' 세이프를 캔버스 위에 끌어 온다.
2. 상태표시 바 status bar, 메뉴 바 menu bar 같은 기본 요소들과 확대, 축소, 닫기 등의 창 제어 요소들을 추가하여 넣는다. 결과물은 그림 8.5와 비슷할 것이다.

이 시점에서 생산성과 관련된 몇 가지 옵션이 발생한다. 애플리케이션 윈도 드로잉 창에서 페이지 배경 page background 또는 스텐실 stencil 을 생성할 수 있다.

- **페이지 배경**

새로운 페이지에 적용이 가능하고 내비게이션 메뉴나 컨테이너 윈도같이

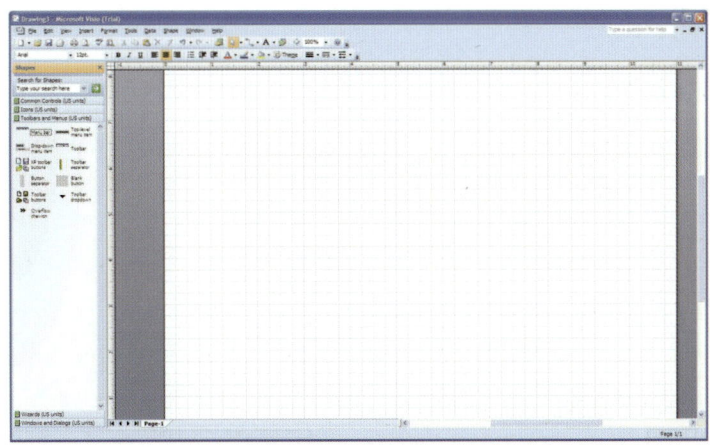

그림 8.4
Visio 셰이프 패널의 'Windows and Dialogs' 셰이프

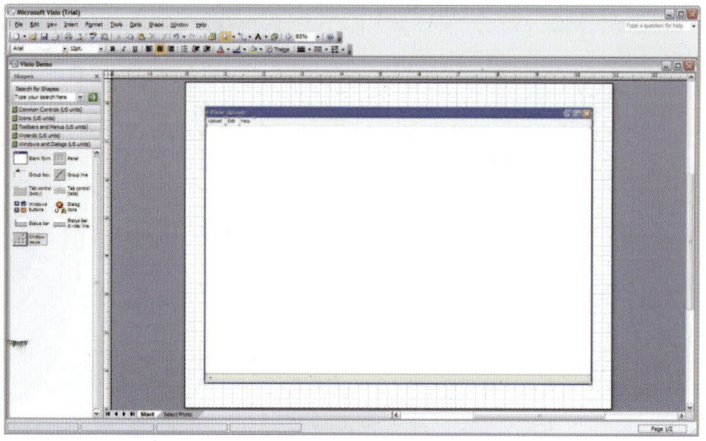

그림 8.5
기본 애플리케이션 윈도의 드로잉 창 모습

전체적으로 적용되는 요소를 구성할 때 편리하다. 페이지 배경은 각 페이지의 수준에서는 수정할 수 없다. 대신 배경 이미지 원본을 수정하여 전체적으로 반영할 수 있다.

• 스텐실

문서에서 재사용하고 싶은 요소들을 정의하는 데 쓸 수 있다. 스텐실은 각 페이지 수준에서 수정할 수 있으며 한 페이지에서 수정이 발생한 내용은 원본 스텐실에는 영향을 미치지 않는다.

이 데모에서는 우선 스텐실을 제작한 이후 페이지 배경에 적용하는 내용을 보여줄 것이다. 이 방법은 같은 스텐실을 통해 다수의 페이지 배경을 생성할 수 있도록 해준다.

> **Tip** 스텐실과 페이지 배경 중 어떤 것을 사용하여야 하는가?

스텐실을 일반 요소로 제작하는 경우 페이지 단위를 기반으로 사이즈를 조정하거나 수정할 필요가 생긴다. 여러 페이지에 적용하고 싶은 일반 요소를 페이지 배경으로 제작하는 경우에는 페이지 단위로 수정할 필요가 없다.

3단계: 스텐실 제작하기

1. 일단은 준비된 드로잉 객체들을 그룹화 하면서 시작하자. 드로잉에 포함된 모든 요소를 선택하고 이 상태에서 우측 마우스 버튼을 누른다. 메뉴에서 Shapes>Group을 선택하라. (그림 8.6)
2. 그룹으로 선택된 셰이프들을 메인 메뉴에서 File>Shapes>New Stencil를 선택하여 스텐실로 저장할 수 있다(그림 8.7). 프로그램

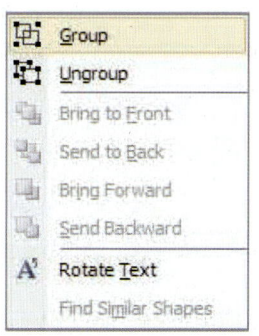

그림 8.6
Visio의 그룹 모양 메뉴 옵션

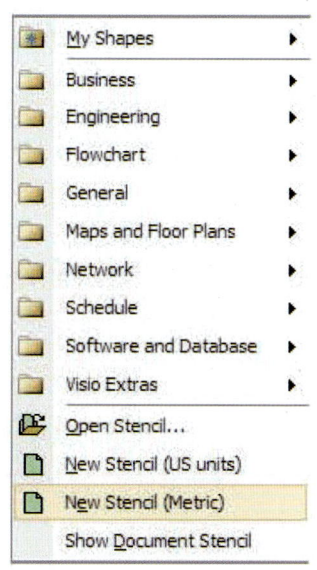

그림 8.7
Visio의 새 스텐실 메뉴 옵션

화면의 좌측에 위치한 셰이프 메뉴에서 새로 만든 스텐실을 확인할 수 있다.

3. 새로 생성된 스텐실에 작성한 셰이프를 드래그한다. 이제 스텐실에서 이 셰이프를 필요한 순간 계속 꺼내어 사용할 수 있다.

4. 스텐실로 재사용하고 싶은 다른 셰이프도 드래그하면 된다.

4단계: 페이지 배경 생성하기

1. 현재의 페이지 중 하나를 선택하고 탭 위에서 우측 마우스 버튼을 누른다. 메뉴에서 페이지 삽입Insert Page을 선택한다.

2. 자동으로 페이지 속성Page Properties 탭이 선택된다. 첫 번째 옵션은 타입Type이다. 이제 배경Background 라디오 버튼을 선택하자. (그림 8.8)

3. 페이지에 의미 있는 이름을 부여하자. 의미 있는 이름은 배경을 앞으로 생성될 페이지에 적용하거나, 페이지 간 링크를 생성하여 연결할 때 유용하게 쓰인다. 예제에서는 '메인 애플리케이션 화

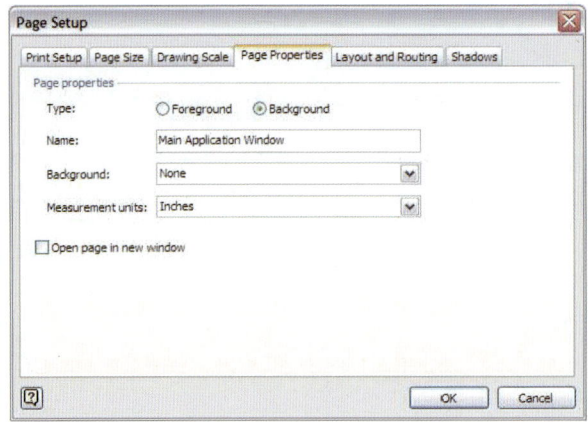

그림 8.8
Visio에서 배경에 페이지 속성 설정하기

면 Main Application Window'이라고 입력한다.
4. 스텐실 메뉴에서 요소를 드로잉 중인 캔버스에 드래그하여 넣어서 기존의 스텐실을 적용할 수 있다.

5단계: 페이지 배경 적용하기

1. 현재 보이는 페이지의 탭 중 하나를 선택하고 우측 마우스 버튼을 누른다. 메뉴에서 페이지 삽입 Insert Page를 선택한다.
2. 역시 페이지 속성이 자동으로 선택된다. 이번에는 앞배경 Foreground을 선택한다.
3. 페이지에 의미 있는 이름을 부여한다. 이번에는 파일 탐색 Browse for File이라고 입력한다.
4. '배경' 옆에 있는 메뉴를 선택하고 메인 애플리케이션 윈도를 선택한다. (그림 8.9) 이제 기 작성된 메인 애플리케이션 윈도 배경이 새로운 페이지에 적용될 것이다.

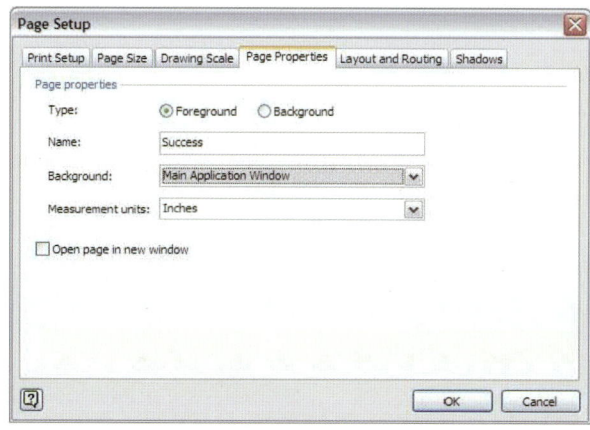

그림 8.9
메인 애플리케이션 윈도를 배경에 적용하여 새 페이지에 입히기

프로토타입의 키프레임을 만들기 위해서 5단계를 반복하자. 독립된 별도의 페이지 배경이 필요할 경우에는 3~5단계를 각각 반복하자.

이제 주요 화면을 정의하였으니 인터랙티브를 구현해 보자.

6단계: 인터랙티비티 구축하기

1. 링크를 구현하고 싶은 객체를 선택한다. 지금은 '추가Add' 버튼에 구현한다.
2. 메인 메뉴에서 삽입>하이퍼링크Insert>Hyperlink를 선택한다.
3. 저장된 파일이나 URL을 연결할 경우에는 다이얼로그 화면에서 주소Address를 선택한다. (그림 8.10) 부 주소Sub-address를 선택하면 작성중인 파일 내의 페이지를 연결할 수 있다. 지금은 부 주소를 이용하자.
4. 페이지 메뉴에서 연결하고 싶은 페이지를 선택한다. (그림 8.11)

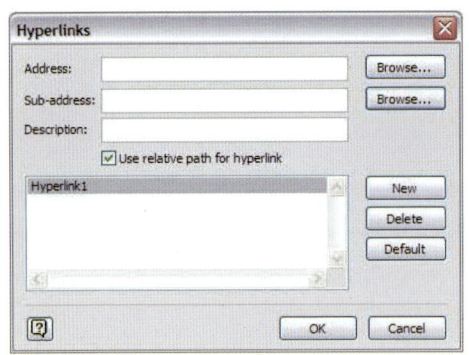

그림 8.10
Visio의 하이퍼링크 다이얼로그 윈도

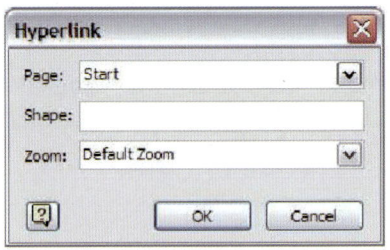

그림 8.11
Visio의 하이퍼링크 Sub-address 다이얼로그 윈도

이제 프로토타입을 시연할 준비가 되었다. 메인 메뉴에서 보기>전체화면View>Full Screen을 선택하면 간단히 시작할 수 있다. Visio 파일을 HTML이나 PDF로 내보내어 사용할 수도 있다.

추가 자원

Visio에는 아주 유용한 셰이프, 스텐실, 템플릿이 많이 있지만 새로이 작업하는 프로토타입에서 필요한 내용에는 부족할 수 있다. 고맙게도 많은 사람들이 추가적인 라이브러리를 만들었고 인터넷에서 무료로 사용할 수 있다.

Swipr

Swipr는 제이코 뉴랜드Jacco Nieuwland가 개발한 Visio용 인터랙티브 툴킷이다. 더 많은 정보는 Swipr의 웹사이트 www.swipr.com에서 확인할 수 있다.

빌 스콧Bill Scott의 Visio 프로토타이핑 툴킷

빌 스콧은 Netflix의 UI 엔지니어링 이사로 Visio용 와이어프레임 프로토타이핑 툴킷을 제작하여 무료로 배포하고 있다. 이 툴킷에는 훌륭한 기능들이 많이 포함되어 있는데, 그 내용은 다음과 같다.

- 웹 구성 요소 스텐실 라이브러리(표준 구성 요소와 테이블, 메뉴, 탭, 트리 구성 포함)
- 미리 프로그램된 Visio 커넥터를 이용한 빠르고 지적인 레이아웃

설계
- 고급 인터랙션 시각화 방법 제공(와이어프레임 애니메이션)
- 프로그램에서 기본으로 액션 구동이 가능한 향상된 컴포넌트
- 와이어프레임 구조에서 요구사항 문서 생성
- 와이어프레임 구조에서 코드 생성
- 주석글과 문서 간 페이지 링크 자동화

빌 스콧의 프로토타이핑 툴킷은 아래 웹사이트에서 무료로 사용할 수 있다. looksgoodworkswell.blogspot.com/2005/11/cisio-wireframe-toolkit-for-download.html

Visio용 GUUUI 프로토타이핑 툴킷

또 다른 Visio용 프로토타이핑 툴킷으로는 헨릭 올슨Henrick Olsen이 제작한 GUUUI이다. 이 툴킷은 정통적인 Visio의 라인 아트 템플릿과 이와 비슷한데 손으로 그린 느낌의 스케치 버전의 템플릿을 제공한다.

헨릭은 프로토타이핑을 할 때 Visio를 사용하는 것에 대한 기고문도 여러 차례 작성하였다. 그의 웹사이트에서는 최근 버전의 Visio 툴킷과 관련된 아티클을 볼 수 있다. www.guuui.com/issues/02_07.php

닉 핑크Nick Finck의 스텐실 라이브러리

내비게이션 바, 탭, 링크 등 일반적인 인터페이스 구성 요소를 위한 스텐실 라이브러리를 소개한다. 이 라이브러리는 그의 웹사이트에 무료로 공개되어 있다. http://www.nickfinck.com/blog/entry/visio_stencils_for_information_architects

관련 아티클

Visio로 양방향성 PDF 프로토타입 제작하기

캐이틀린 개논Caitlin Gannon은 Visio를 사용하여 양방향성 PDF 프로토타입을 만드는 것에 대한 아티클을 기고했다. 그녀의 웹사이트에서 읽을 수 있다. Caitlingannon.com/2008/03/16/

Visio를 이용한 프로토타이핑과 사용성 테스트

이 프레젠테이션은 STC 컨퍼런스에서 카렌 바흐만Karen Bachmann과 휘트니 퀴젠베리Whitney Quesenbery가 발표하였다. 이 슬라이드는 PDF형식으로 STC 웹사이트에서 확인할 수 있다. http://www.wqusability.com/handouts/visio-prototyping.pdf

요약

Visio를 사용한 프로토타이핑을 고려해 보아야 하는 이유는 다음과 같다.

- 윈도 기반의 회사 컴퓨터를 사용하고 있다면, 이미 프로그램을 갖고 있을 가능성이 높다.
- 학습에 드는 비용이 매우 적다.
- 배경, 스텐실 그리고 템플릿은 일관성과 효율성에 큰 도움이 된다.
- 링크가 포함된 PDF, HTML 프로토타입으로 내보낼 수 있다.
- Visual Basic에 익숙한 동료가 있을 경우, 이를 응용하여 고급 인터랙티비티를 구현할 수 있다.

CHAPTER 9

파이어웍스 Fireworks

장점 **160**

약점 **162**

실습 예제: 아이폰 애플리케이션의 프로토타입을 파이어웍스로 제작해 보기 **164**

추가 자원 **175**

요약 **178**

파이어웍스의 활용 적합도

프로토타이핑 모델
종이 기반 모델 ●
디지털 기술 활용 모델 ●
서술성 모델 ●
양방향성 모델 ●
속성 모델 ●

적용 단계
제품 기획 초기 단계 ●
제품 기획 말기 단계 ●

호환성 및 비용
Mac ●
Windonws ●

이동성 및 사용성
웹 ●
모바일 ●
물리적 구동 ○
코드 재사용성 ◐

협업, 배포 및 추적 가능성
협업 ◐
배포 ●
추적 가능성 ◐

● 매우 적합   ◐ 비교적 적합   ○ 적합지 않음

그림 9.1
Fireworks CS4의 실행화면

　Adobe의 Fireworks는 Macromedia 초기부터 웹 관련 종사자들 사이에서는 매우 인기 있는 툴이었다. 필자는 Fireworks를 거의 사용하지 않았기 때문에, Fireworks를 즐겨 사용하는 사람들과 이야기를 나누다 보면 조금 위축되기도 한다. 어쨌든 Fireworks가 매우 대단한 툴임에는 의심의 여지가 없다.

　Fireworks의 신봉자들은 프로그램 전환 없이 벡터이미지를 그려내고 세부적인 이미지 효과 제작이 가능하다는 점을 이 소프트웨어의 가장 큰 매력으로 꼽는다. 마치 Illustrator와 Photoshop의 장점을 합쳐 놓은 것 같은 효과를 낼 수 있으며, 이미지 최적화에도 매우 유용하다는 것이 장점이다. CS4 버전은 기존의 장점들 위에 강력한 프로토타이핑 기능까지 덧입혀졌다.

장점

프로토타이핑 툴로서의 Fireworks는 매우 많은 장점들을 가지고 있다.

• **프로그램 호환성**

Fireworks는 Illustrator, Photoshop, Dreamweaver, Flash, Device Central과 같은 프로그램들과 매우 호환성이 좋다. Illustrator와 Photoshop의 레이어 및 객체들을 원본 작업 구성 그대로 Fireworks에서 다시 실행시킬 수 있다. 또한, Fireworks로 작업한 파일을 Flash나 Photoshop 파일로 내보내는 것도 매우 쉽다. Device Central과 연동하면 모바일 화면에 대한 프로토타이핑을 실시할 수도 있다.

• **작은 용량 파일 생성**

Fireworks의 기본 작업 해상도는 72ppi로 지정되어 있다. 따라서 비교적 작은 용량의 파일이 생성된다.

• **다양한 페이지 상태 표현**

상태states 패널을 사용하면, 웹 페이지의 각 상황들을 실제처럼 표현할 수 있다. 예를 들어, 로그인 전, 후 화면의 룩-앤드-필(look-and-feel: 화면 그래픽 디자인의 분위기)을 각기 다르게 지정하여 보여줄 수 있다. 단, 기본 저장 형식인 PNG 파일로 내보낼 경우에는 활성 상태만 내보내게 된다.

• **독립적인 파일 저장**

각기 다른 파일 두 개를 동시에 띄워놓고 작업하다가, 둘 중 한 가지 파일만을 저장해도 다른 파일에 아무런 영향이 없다. CS4 이전 버전에서는 파일을 저장하는 순간 프로그램이 자동 종료되는 현상이 있었는데, 새 버전에서는 이 점이 개선되었다.

• 벡터 이미지와 이미지 효과 작업을 동시에

벡터 이미지와 비트맵 이미지 작업이 동시에 가능하기 때문에, 번거롭게 Illustrator와 Photoshop을 오가며 번갈아 작업하지 않아도 된다.

• HTML, PDF 등의 다양한 포맷으로 저장 가능

해당 작업물을 HTML, PDF, Flash, Flex, AIR를 포함한 여러 가지 형식의 파일로 저장할 수 있다.

• 충실도에 대한 유연한 대처 가능

간단한 저충실도의 디자인부터, 복잡한 요소가 반영된 고충실도의 디자인까지 자유로이 작업할 수 있다.

• 유용한 스타일들과 이미지, 심볼 수록

보편적인 GUI 요소를 구성하는 스타일 팔레트나 이미지, 심볼 라이브러리가 매우 풍성하다. 확장 버전을 사용하면 더 많은 자료들을 제공받을 수 있다.

• 마스터 페이지, 공유 레이어, 심볼 기능

마스터 페이지에 배치한 요소들은 이후 생성되는 모든 페이지에 동일하게 반영된다. 공유 레이어는 마스터 페이지와 비슷한 기능이지만, 레이어 요소들이 적용될 페이지를 선별할 수 있다는 점에서 약간의 차이가 있다. 심볼은 일반적으로 개별적인 아이템 즉, GUI 요소나 푸터 등에 쓰인다. 물론 프로토타입 작업 때 재사용할 수 있다. 마스터 페이지나 공유 레이어, 심볼을 업데이트하면 작업한 문서에 전체적으로 적용된다. 그리고 마스터 페이지는 전체 페이지를 관장하는 반면, 공유 레이어는 아이템을 페이지 단위로 공유할 수 있다.

- 미리보기 기능

프로토타입을 최종적으로 발행하기 직전, 미리보기 기능을 이용해서 작업물을 검토할 수 있다.

약점

Fireworks가 현존하는 최고 수준의 프로토타이핑 툴 중에 하나인 것만은 확실하지만, 몇 가지 개선이 요구되는 취약점이 있다.

- Photoshop과 Illustrator 숙련자에게는 부자연스러운 작업 흐름을 지니고 있다

CS4 버전으로 업그레이드하면서, Fireworks의 작업 환경은 Adobe 제품군과 비슷한 모양으로 진화했다. 하지만, Photoshop이나 Illustrator에 이미 숙련된 사람들이 처음으로 Fireworks를 사용한다면, 작업 흐름에 꽤 차이점이 많기 때문에 약간 혼란을 가져올 수 있다.

• 부드럽지 않은 그라디언트 효과

Fireworks에서 만든 그라디언트는 Photoshop 같은 전문 그래픽 프로그램으로 생성한 효과보다 부드럽지 않고 각이 좀 격하게 휘는 굴곡진 상태로 보인다.

• 추적성이 부족하다

작업량이 많은 환경에서 요구사항에 대한 추적이나 수정사항에 대한 추적을 용이하게 하려면 Fireworks 외에 보조 툴을 하나 더 두는 것이 좋다.

• 큰 용량의 프로토타입 파일 재생이 힘들다

CS4로 넘어오면서 여러 성능이 개선되었으나, 여전히 50페이지 이상으로 구성된 큰 용량의 프로토타입 파일은 한 번에 제대로 재생할 수 없다. 현재는 구간별로 끊어서 재생하는 방식으로 진행하는 수밖에 없다.

• 하나의 문서에는 하나의 마스터 페이지만을 적용시킬 수 있다

마스터 페이지는 앞서 설명한 것처럼 템플릿과 같은 역할을 한다. Fireworks에서는 하나의 문서당 하나의 마스터 페이지만 지정할 수 있기 때문에, 다양한 상황을 연출하는 데에는 무리가 있다. 프로토타입이 여러 구간으로 나뉘어져 있다면, 각 구간마다 따로 문서를 작성해야 한다. 예를 들자면, 쇼핑몰 홈페이지의 경우, 제품 소개 부분과 장바구니 부분은 각기 다른 프로토타입 문서로 작성해야 한다.

실습 예제: 아이폰 애플리케이션의 프로토타입을 파이어웍스로 제작해 보기

Fireworks CS4는 Mac과 Window 환경에서 유용하게 쓰일 수 있는 GUI 이미지 소스들을 많이 구비하고 있어 빠르고 쉽게 프로토타입을 제작할 수 있다. 하지만 이번 실습 예제에서는 가급적 Fireworks에 수록된 GUI 이미지 소스를 활용하는 방법은 다루지 않을 예정이다. 대신 아이폰 용 GUI 요소를 활용해, 인기 있는 트위터 애플리케이션인 Twitterfic을 재구성해 볼 예정이다. GUI 요소는 rosenfeldmedia.com/books/downloads/prototyping/iPhone_Stencil_GUI.png에서 다운로드할 수 있고, 이 예제의 완성 작업물 파일은 rosenfeldmedia.com/books/downloads/prototyping/iPhone_Prototype.png에서 확인 가능하다.

1단계: 새 문서 만들기

1. File>New(그림 9.2)나 시작 패널에서 Create New Fireworks Document를 선택한다(그림 9.3).
2. 가로 320픽셀, 세로 480픽셀로 캔버스의 크기를 지정한다. 이 사이즈는 아이폰 애플리케이션의 기본 스크린 사이즈다. 기본 해상도는 72ppi다.
3. 캔버스의 색상을 선택한다. (흰색이 기본 지정색이며, 이 예제에서도 흰색이다.)

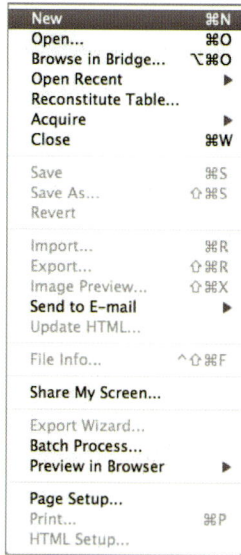

그림 9.2
Fireworks CS4의 File 하위 메뉴

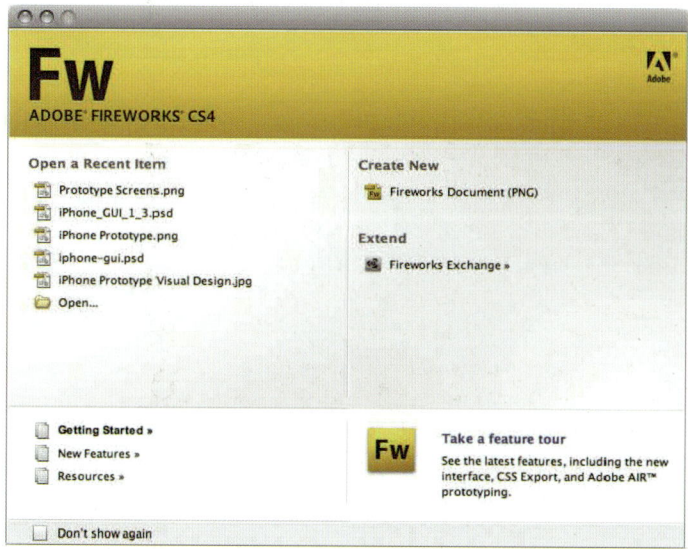

그림 9.3
Fireworks CS4의 시작 패널

CHAPTER 9 파이어웍스 165

2단계: 마스터 페이지 만들기

마스터 페이지는 프로토타입 문서 전체에 적용되어야 하는 기본 프레임이다. 이 애플리케이션에서는 메인 툴바를 마스터 페이지에서 배치해주어야 한다.

1. 그림 9.4와 같이 메인 툴바를 배치한다.
2. 페이지 패널에서 더블클릭하여 페이지 이름 입력창에 Master라고 입력한다. (그림 9.5)
3. Master 타이틀을 마우스 오른쪽 버튼으로 클릭하면 그림 9.6에 보이는 것처럼 Set As Master Page가 나오는데 이곳을 눌러, 마스터 페이지로 설정해준다.

그림 9.4
아이폰의 메인 툴바

그림 9.5
마스터 페이지의 페이지 패널

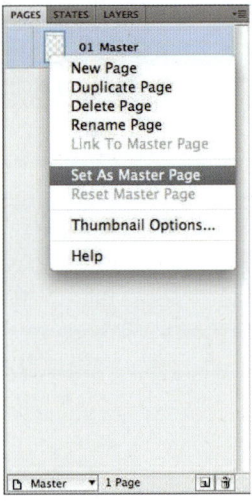
그림 9.6
마스터 페이지로 지정

3단계: 키 스크린 생성하기

1. 페이지 패널에서, Master Page 메뉴의 마우스 오른쪽 버튼을 클릭하여 New Page를 선택한다. 그림 9.7처럼 페이지 패널에서 바로 New Page를 선택해도 무방하다.
2. 페이지 패널에서 해당 페이지 타이틀 영역을 더블클릭하고, Home이라고 입력한다.
3. 다운받은 아이폰 GUI 요소들을 홈 스크린에 복사한 후, 위 2에서 생성한 Home 페이지에 붙여 넣는다.
4. 홈 스크린에 Twitterific 아이콘을 그림 9.8과 같이 삽입한다.
5. 그림 9.9에서 보이는 것과 같이 1과 2단계를 반복한다.
6. 각각의 페이지에 필요한 추가 요소들을 삽입한다.

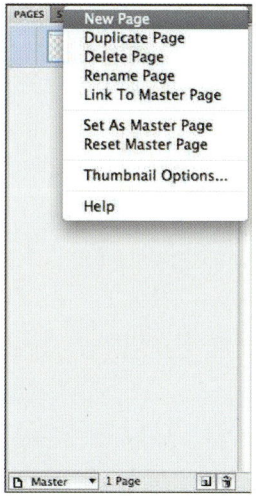

그림 9.7
페이지 패널에서
New Page 생성하기

그림 9.8
홈 스크린 페이지에
Twitterific 아이콘 삽입하기

그림 9.9
페이지 패널에서 키 스크린
보여주기

> **Tip** 페이지 제목 슬기롭게 활용하기

각각의 작업 페이지에 적절한 제목을 붙여주자. 이를테면, Home, View Message, Reply to Message처럼 추가적인 작업 플로에서 내용물을 쉽게 알아볼 수 있도록 하는 것이 매우 중요하다. 복잡한 작업 중에 'Untitled 3'로 표현되어 있는 페이지의 내용을 확인하려고 다시 히스토리를 되짚어가는 것만큼 비효율적인 행동은 없으니까.

4단계: 롤 오버 효과와 애플리케이션 아이콘에 인터랙티비티 부여하기

1. 페이지 패널에서 Home을 선택한다.
2. 스테이트 패널을 선택한다.
3. State 1을 더블클릭해서 MouseOut을 입력한다. 페이지 생성 때와

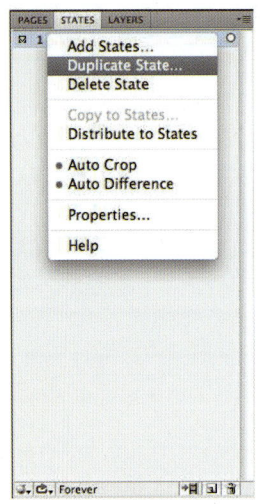

그림 9.10
스테이트 패널에서 스테이트 스크린 복사하기

그림 9.11
툴 팔레트에 포함되어 있는 웹 툴

그림 9.12
Twitterific 애플리케이션에 슬라이스를 입힌 홈 스크린

마찬가지로, 각 액션들을 정확하게 표기해 놓으면, 이후 작업이 수월해진다.

4. 같은 방법으로 새로운 스테이트 스크린을 설정하거나, 그림 9.10 에서 보이는 것처럼, Duplicate State를 선택하여 MouseOut으로 지정해놓았던 스테이트 스크린을 복사한다.

5. 새 스테이트 스크린을 더블클릭해서 MouseOver라고 스테이트 명을 입력한다.

6. MouseOver 스크린을 선택한 후, Twitterific 아이콘 위에 모서리가 둥근 사각형을 그린다. 그리고 사각형의 내부를 30% 투명값을 주어 채운다.

7. MouseOut 스테이트 스크린을 선택한다.

8. 툴 팔레트 위의 Web 코너에 있는 Slice 툴을 선택한다. (그림 9.11) 그리고 Twitterific 아이콘 위에 사각형 슬라이스를 그린다. 그러면

그림 9.13
Add Swap Image Behavior 옵션 불러오기

그림 9.12와 비슷한 형태가 갖춰질 것이다.

9. 슬라이스를 선택하고 마우스의 오른쪽 버튼 메뉴 중 Add Swap Image Behavior 옵션을 선택한다. (그림 9.13)

10. 대화창에서 MouseOver(2)를 선택하고, State no:를 선택한 후 OK 버튼을 누른다. 이제 마우스 오버 효과가 완성되었다.

11. 9번의 슬라이스를 다시 선택해서 프로퍼티Properties 패널에 있는 연결옵션Link option을 선택한다. Twitter Stream.htm을 옵션 메뉴에서 선택하게 되면, 프로토타입에서 Twitter Stream 페이지로 바로 연결된다.

12. 문서창의 좌측 상단의 미리보기preview 버튼을 누르면 마우스 오버 효과를 프로토타입 발행 전에 테스트해 볼 수 있다. 마우스를 트위터 아이콘 위에 올려놓아 제대로 세팅이 되었는지 확인해보자. 지금까지 올바로 프로세스를 밟았다면, 마우스를 아이콘 위에 올

려놓았을 때 투명도가 변해야 한다.
13. 문서창의 좌측 상단에 있는 Original 버튼을 누르면, 미리보기 모드에서 작업 모드로 다시 되돌아온다.

5단계: Twitter Stream 스크린에 인터랙티비티 부여하기

1. 페이지 패널에서 Twitter Stream을 선택한다.
2. Web 툴 섹션에 있는 사각형 핫스팟hotspot 도구를 선택한다.
3. 그림 9.14와 같이 채팅 아이콘(말풍선 모양) 주변에 사각형을 그린다.
4. 위 3에서 그린 핫스팟을 선택한 뒤, 프로퍼티 패널의 연결 옵션을 선택한다. Create New Message.htm을 옵션 메뉴에서 선택한다.

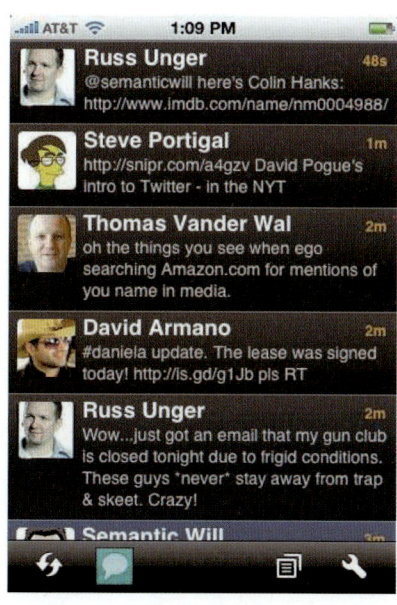

그림 9.14
채팅 아이콘 위에 핫스팟 그리기

6단계: New Message 스크린에 인터랙티비티 부여하기

1. 페이지 패널에서 Create New Message 페이지를 선택한다.
2. 5단계에서 했던 것처럼, 사각형 핫스팟 툴을 선택한다.
3. 버추얼 키보드의 모든 알파벳 철자와 Close 키 위에 사각형 핫스팟을 그린다. (그림 9.15)

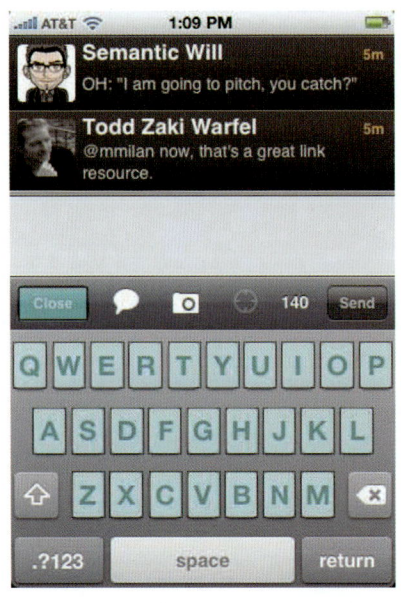

그림 9.15
키보드 버튼 하나하나, 그리고 Close 버튼 위에 핫스팟을 그려놓은 상태

4. 키보드 버튼 중 하나를 골라 연결 옵션을 선택한다. Type Message.htm을 선택하고, 이와 같은 작업을 키보드 위의 모든 버튼에 반복한다.
5. Close 버튼에 입혀진 핫스팟을 선택한 후, 4에서 했던 작업과 동일한 방법으로 Twitter Stream에 연결한다.

7단계: Type Message 스크린에 인터랙티비티 부여하기

1. 페이지 패널에서 Type Message 페이지를 선택한다.
2. 사각형 핫스팟 도구를 선택한다.
3. Close, Send, 그리고 Backspace 버튼에 핫스팟을 그린다. (그림 9.16)
4. Close 버튼 위에 입혀진 핫스팟을 선택한 후, 연결 옵션으로 들어가 Twitter Stream.htm을 선택한다. 같은 작업을 Send 버튼에 실시한다.
5. Backspace 버튼 위에 입혀진 핫스팟을 선택한 후, 연결 옵션으로 들어가 Create New Message.htm을 선택한다.

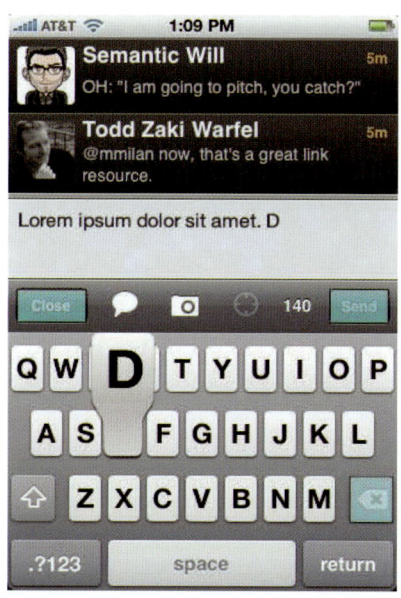

그림 9.16
Close, Send, Backspace 버튼에 핫스팟을 그려놓은 상태

8단계: 프로토타입 발행과 테스트

1. File 메뉴에서 Export를 선택한다.
2. 프로토타입 파일의 저장 경로를 지정한다.
3. 저장 형식 옵션에서 HTML & Images를 선택한다. (그림 9.17)
4. Slice 옵션에서 Export Slices를 선택한다. 이 작업을 수행하지 않으면, 앞서 작업한 마우스 오버 효과가 실행되지 않으니 주의해야 한다.
5. Current Page Only 항목을 선택 해제한다. 이 작업을 수행하지 않으면, 전체적인 프로토타입을 발행할 수 없다.
6. 옵션에서 Put Images in Subfolder를 선택한다. 이 작업은 상위 폴더에 있는 HTML 파일과 이미지 폴더에 별도로 저장되어 있는 이미지 파일들을 깔끔하게 연결시켜준다.
7. Export 버튼을 누른다.
8. 지정된 저장 경로로 가서 Home.htm 파일을 연다. (파일명은 마음대로 지정해도 상관없다.)
9. 또 다른 발행 옵션은 지금까지 작업한 프로토타입을 인터랙티브

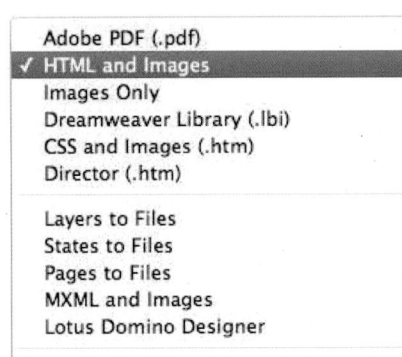

그림 9.17
HTML & Image 옵션 선택하기

PDF로 저장하는 것이다.

앞서 밟아 온 프로세스를 그대로 따라하되, 마지막에 발행 옵션만 PDF로 지정하면 된다.

추가 자원

소프트웨어 튜토리얼
Fireworks에 관한 모든 것들을 상세히 설명한 튜토리얼과 마스터 페이지의 기가 막힌 사용법에 대한 기술한 교본을 www.fireworkszone.com에서 열람할 수 있다.

Fireworks CS4에서 인터랙티브 PDF 프로토타입 만들기 | www.adoe.com/devnet/fireworks/articles/interactive_pdf.html
이 아티클에서는 손쉽게 Fireworks를 이용해 인터랙티브 PDF 파일을 생성하는 법에 대해 자세히 기술했다.

Fireworks에서 인터랙티브한 제품 디자인하기 | www.adoe.com/devnet/fireworks/articles/cooper_interactive.html
이 아티클에서는 Cooper cooper.com 에서 Fireworks를 이용해서 제품을 디자인한 사례를 보여준다.

Fireworks Tips & Tricks - 인터랙티브 프로토타입 만들기 |
Tv.adobe.com/#vi+f1498v1660

Fluid의 인포메이션 디자인/사용성 파트에서 디렉터로 있는 데이비드 호그David Hogue가 Fireworks를 이용한 인터랙티브 프로토타입 제작 방식을 설명한다.

Fireworks CS4 배우기 - 리뷰를 위한 인터랙티브 프로토타입 만들기 |
tv.adobe.com/#vi+f1594v1015

Lynda.com에서 쓴 Fireworks CS4 버전의 유동적인 발행 옵션에 대한 개괄적인 설명이다. 이 동영상 강의는 HTML, PDF, AIR 형식의 프로토타입 발행 과정을 설명해준다.

Fireworks CS4를 이용해 AIR 애플리케이션 프로토타이핑 하기 |
Scalenine.com/blog/2008/12/01/adobe-max-presentation-and-source

AIR 애플리케이션을 위한 프로토타입을 Fireworks를 이용하여 제작하는 과정을 보여주는 프레젠테이션이다.

Fireworks CS4를 이용해서 모바일 디바이스 디자인하기 | www.adobe.com/devnet/fireworks/articles/ design_mobile_devices_html

모바일 애플리케이션의 디자인 요소를 활용하여 프로토타이핑 하는 방법에 대해 간략하게 기술한 아티클이다.

아이폰 GUI 스텐실 요소들

Teehan+Lax에서 공개한 아이폰 GUI 요소 | www.teehanlax.com/blog/?p=447

Keep the Web Weird에서 제공하는 iPhone 아이콘 템플릿 |
www.keepthewebweird.com/iphone-icon-psd-template

320480에서 제공하는 iPhone GUI 요소 | 320480.com

요약

Fireworks가 인기 높은 프로토타이핑 툴이 된 데에는 몇 가지 이유가 있다. 향후, 여러분이 직접 프로그램을 이용하여 프로토타입을 제작할 때, 이 장에서 소개한 장점들을 기억하기 바란다.

- Photoshop과 Illustrator를 번갈아가며 이미지 작업을 할 필요가 없다. Fireworks 하나로 다 해결된다.
- 마스터 페이지와 공유 레이어 등의 효율성을 높여주는 장치를 지니고 있다.
- 유용한 GUI 요소 세트들을 탑재하고 있다.
- 인터랙티브 PDF, HTML, Flash, Flex, AIR 등 여러 가지 형식의 파일로 프로토타입을 발행할 수 있다.
- Adobe의 CS 세트와 연동하여 작업 흐름을 원활하게 할 수 있다.

CHAPTER 10

Axure RP Pro

장점　**182**

약점　**183**

Axure RP를 이용한 비디오 웹사이트 프로토타입 제작하기　**184**

추가 자원　**200**

요약　**202**

Axure RP Pro의 활용 적합도

프로토타이핑 모델

종이 기반 모델 ●
디지털 기술 활용 모델 ●
서술성 모델 ●
양방향성 모델 ●
속성 모델 ●

적용 단계

제품 기획 초기 단계 ●
제품 기획 말기 단계 ●

호환성 및 비용

Mac — 해당 없음
Windonws ●

이동성 및 사용성

웹 ●
모바일 ◐
물리적 구동 ○
코드 재사용성 ○

협업, 배포 및 추적 가능성

협업 ◐
배포 ●
추적 가능성 ●

● 매우 적합   ◐ 비교적 적합   ○ 적합지 않음

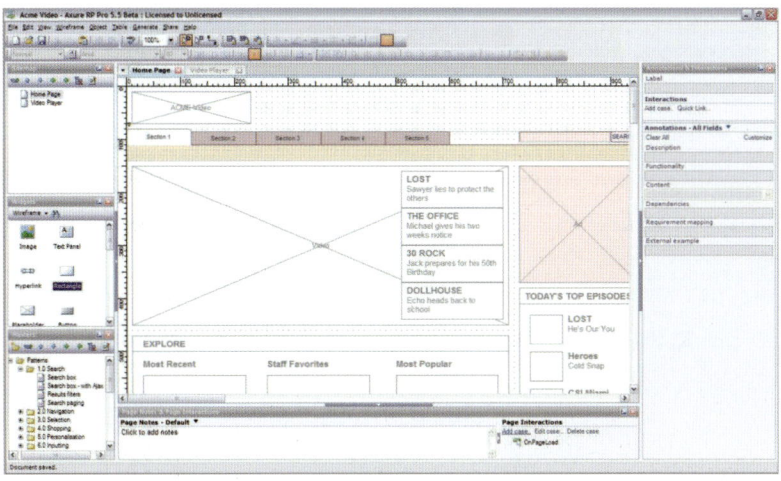

그림 10.1
Axure RP 5.5로 제작된 Acrne Video사이트

    Visio, Word, Flash lite 등을 사용해 복합 콘텐츠를 제작했다면 이제 Axure RP를 사용해 보자. Axure RP는 와이어프레임, 프로토타입 그리고 사양서 등을 제작하기 위한 통합된 환경을 제공한다.

    이전 버전까지는 전문적인 사용자 경험을 제작하는 데만 사용할 수 있었지만, 5.5버전이 등장하면서 이제 약간의 노력으로도 굉장히 높은 수준의 인터랙티브 프로토타입을 제작할 수 있게 되었다.

    이번 장에서는 Youtube나 Vimeo와 비슷한 비디오 사이트의 인터랙티브 프로토타입을 만들어 보고자 한다. 고급 인터랙션을 제작하는 방법은 생각보다 매우 쉬워서, 마치 다이나믹 패널에서 인터랙티브 오버레이를 만드는 것과 같을 것이다. 이 장의 마지막 부분에도 추가 자원을 기록해 두었다. 탐색, 폼, 비디오 플레이어 등에 사용되는 기본 요소가 포함된 써드파티 패턴 라이브러리가 있다.

장점

프로토타이핑 툴로서 Axure RP는 수많은 장점을 갖고 있다.

- **와이어프레임, 프로토타입, 명세 문서**

Axure는 디자인과 문서 제작을 위한 툴을 한 번에 제공한다. 다이어그램을 제작하는 툴은 Visio나 OmniGraffle과 유사하다. 하지만 Axure의 진정한 힘은 우리의 디자인에 주석을 달고 자동적으로 명세 문서와 인터랙티브 프로토타입을 생성하는 데 있다.

- **낮은 학습 장벽**

Axure 역시 Visio와 OmniGraffle처럼 드로잉을 하는데 객체를 그냥 드래그-앤-드롭 할 수 있다. 기본적인 인터랙티브도 배우기 쉬운 편에 속한다.

- **친숙함**

Visio나 OmniGraffle을 써본 사용자라면 Axure를 이리저리 사용하는데도 제법 쉽다는 것을 알 수 있을 것이다. 이 프로그램은 Visio와 굉장히 유사한 느낌을 갖고 있는데, OmniGraffle처럼 페이지 탐색 기능이 좋다.

- **마스터와 위젯**

Axure는 일반적인 와이어프레임과 순서도를 작성하기 위한 다수의 위젯을 갖고 있다. 이것이 충분하지 않을 경우 웹사이트에서 추가적인 라이브러리를 받을 수 있고, 또한 스스로 위젯을 만들 수도 있다.

- **프로그래밍이 필요 없는 인터랙션 생성**

Axure는 인터랙션을 만들 때에 마법사Wizard와 비슷한 기능으로 접근한다. 사용자는 오버레이나 보여주기/숨기기, 회전목마식의 사진 보여주기 등 AJAX 스타일의 인터랙션을 만들기 위해 자바스크립트를 배우지 않아도 된다.

- **간단한 프로토타입 출시**

디자인이 준비되면 Axure의 메인 메뉴에서 '프로토타입 생성'이라는 버튼을 찾아서 누르기만 하면 된다. 나머지는 프로그램이 자동으로 해결한다.

- **프로젝트 협업/공유 기능**

Axure를 통해 한 프로젝트를 편리하게 협업으로 진행할 수 있다. 공유된 프로젝트면 다수의 사람들이 같은 RP파일에 동시에 접근할 수 있다. 기본적으로 탑재된 체크인/체크아웃 시스템도 있는데 여기에는 기본적으로 버전 제어 기능이 포함되어 있다.

약점

많지는 않지만, Axure RP Pro에도 부족한 점이 몇 가지 있다.

- **Windows 제한**

Axure는 맥에서는 구동되지 않는다. 맥을 사용하는 사람들은 프로토타입 제작을 위해서 이 프로그램을 사용할 수 없다. 가상 프로그램에서 윈도을 돌려 사용할 수는 있지만 굳이 그럴 필요는 없다. 파이어웍스, 플래시, HTML 같은 훌륭한 대안이 있으니 말이다.[1]

• 그림 도구의 부족

Axure는 Illustrator나 OmniGraffle, Visio에서 볼 수 있는 그림 도구의 기능이 부족하다. 기본적으로 페이지에 몇 가지 도형을 그려 넣을 수는 있지만 그라디언트 효과가 있는 이쁜 둥근 도형을 그리고 싶다면 꽤 수고스러운 과정을 거쳐야 한다. 포토샵이나 파이어웍스에서 작업을 한 후 Axure로 작업물을 가져와 진행하는 것이 낫다.

• 재사용이 불가능한 소스코드

Axure는 진짜 HTML 페이지를 만들지는 않고, 스크린 캡처가 된 화면에 이미지맵 태그를 사용한다. 상용화 페이지를 Axure로 제작하는 사람은 아마도 없을 것이다.

Axure RP를 이용한 비디오 웹사이트 프로토타입 제작하기

Axure는 프로토타입 디자인을 위한 다수의 위젯을 기본적으로 탑재하고

---

[1] www.axureformac.com/에 따르면 맥용 Axure인 MAxure가 출시를 준비 중이다. 이 책이 출간되는 시점에서는 아직 출시일이나 라이선스 정보는 알려지지 않았다.

있다. 이 챕터에서 사용하는 프로토타입 파일은 다음의 사이트에서 받을 수 있다.

Rosenfeldmedia.com/books/downloads/prototyping/chapter10.zip

1단계: 새 파일 만들기

1. 파일 메뉴를 선택하여 새 파일을 만드는 것으로 시작하자. 기본적으로 Axure는 새 문서에 몇 장의 페이지를 포함하여 생성한다. 그림 10.2와 같이 사이트맵 패널에서 이를 확인할 수 있다.

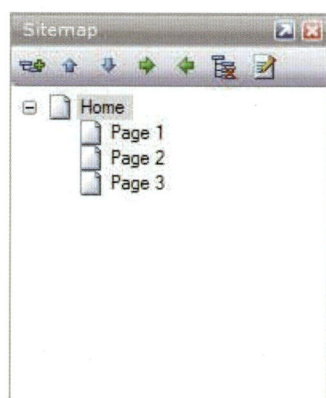

그림 10.2
사이트맵 패널

2단계: 헤더header 만들기

1. 그림 10.3에 보이는 위젯 패널을 선택하고, 와이어프레임 위젯을 선택하자.

2. 위젯 패널에서 가로Horizontal 메뉴 요소를 드래그하여 페이지에 올려놓자. 텍스트 표시를 변경하고 싶으면 각 요소의 중앙을 더블클릭하면 된다.

3. 텍스트 필드Text Field와 버튼Button을 페이지로 드래그한다. 이도 마찬가지로, 텍스트를 넣으려면 해당 부분을 더블클릭한다.
4. 결과는 그림 10.4와 비슷할 것이다.

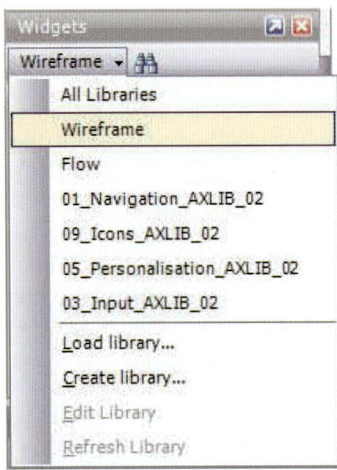

그림 10.3
와이어프레임 위젯 패널

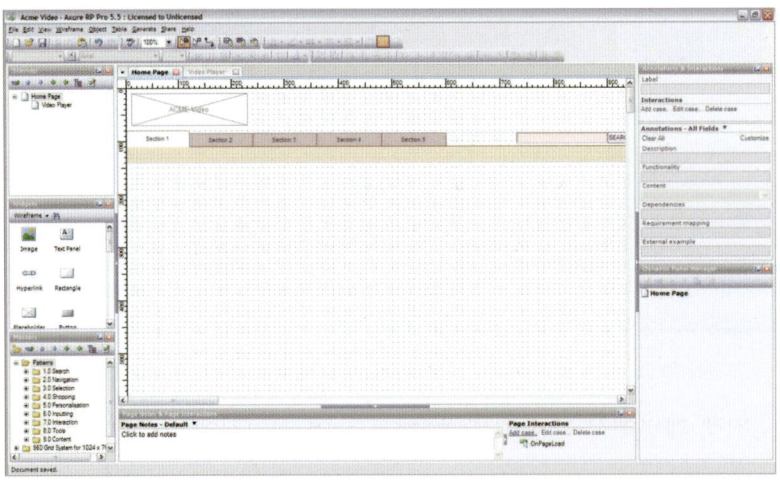

그림 10.4
내비게이션과 로고가 있는 헤더 예제

3단계: 홈페이지 콘텐츠 디자인하기

1. 위젯 패널에서 사각형 Rectangle과 텍스트 패널 Text Panel을 페이지에 당겨 올린다. 이를 반복하여 그림 10.5같이 만들자.

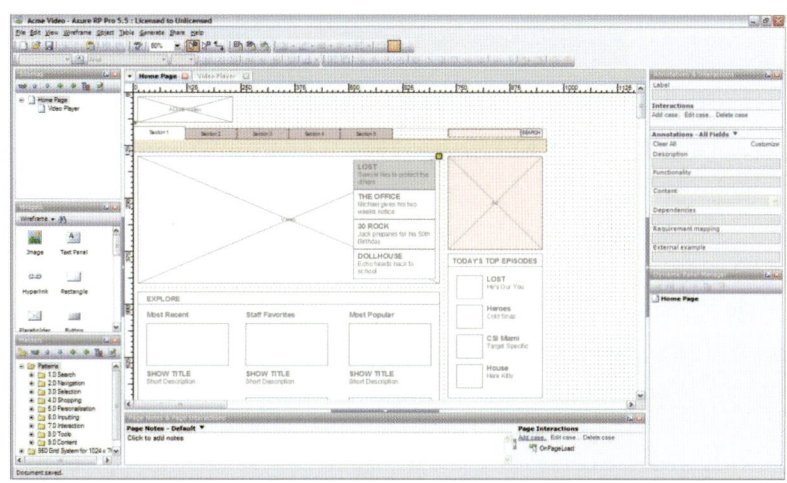

그림 10.5
홈페이지 와이어프레임 디자인 예제

4단계: 비디오 플레이어 페이지 콘텐츠 디자인하기

1. 헤더 요소를 선택한다. 그리고 메뉴에서 편집Edit>복사Copy를 선택한다.

2. 비디오 플레이어 페이지를 클릭하고, 편집 메뉴나 오른쪽 마우스를 클릭하여 붙여넣기Paste를 선택한다.

3. 위젯 패널에서 개체 틀Placeholder를 끌어 페이지에 놓는다. 이제 그림 10.6과 비슷한 결과를 얻게 될 것이다.

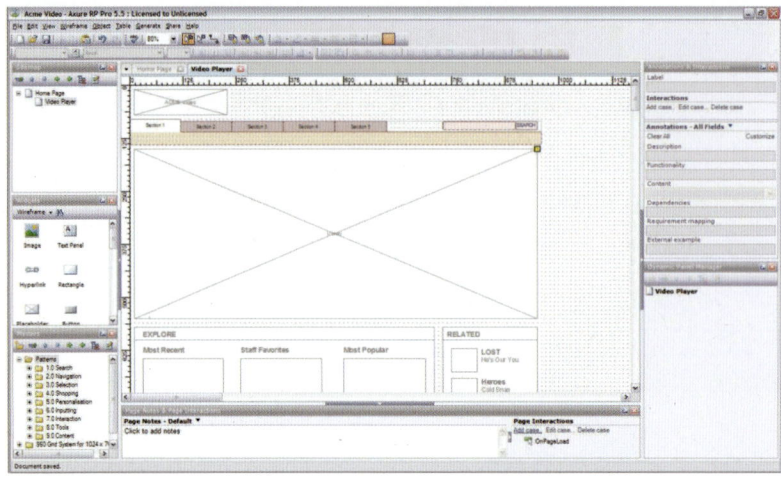

그림 10.6
비디오 플레이어 콘텐츠 페이지의 와이어프레임 예제

5단계: 페이지 링크시키기

1. 홈 페이지를 클릭하고 커다란 비디오 개체 틀placeholder를 선택하자. 선택한 아이템을 녹색 줄이 두르게 된다.
2. 주석과 인터랙션Annotations & Interactions 패널이 보이는지 확인해 보자.

그림 10.7
주석과 인터랙션 패널

PROTO**TYPING**

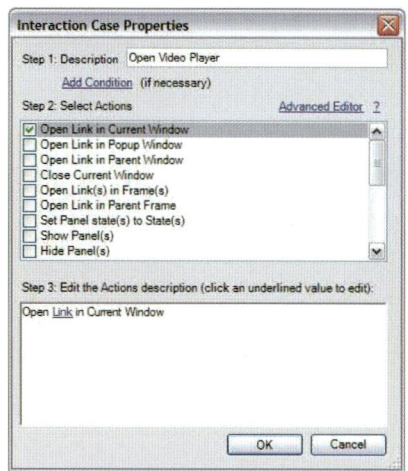
그림 10.8
인터랙션 케이스 속성 창

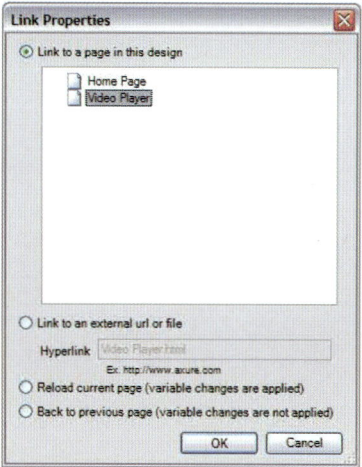
그림 10.9
링크 속성 창

보이지 않을 경우 메인 메뉴에서 보기View〉주석과 인터랙션을 선택한다.

3. 그림 10.7과 같이 주석과 인터랙션 패널에서 온클릭OnClick 옵션을 더블클릭한다.

4. 인터랙션 케이스 속성Interaction Case Properties 창이 그림 10.8과 같이 등장한다. '1단계: 설명' 부분에 의미 있는 이름을 집어 넣자(예: 비디오 페이지 링크). '2단계: 액션 선택' 부분에서는 '현재 창에서 링크 열기Open Link in Current Window option' 옵션을 선택한다. '3단계: 액션 설명 수정' 부분에는 링크 액션을 누른다.

5. 링크 액션을 누르면 링크 속성 창이 등장하는데, 이때 그림 10.9와 같이 한 페이지를 선택하게 한다. 비디오 플레이어를 선택하고 확인OK을 누른다.

6단계: 다이나믹 패널로 오버레이 효과 세팅하기

1. 비디오 플레이어 페이지 탭을 선택한다.
2. 위젯 패널에서 두 개의 다이나믹 패널을 끌어 페이지에 놓고, 이들의 크기를 조절하여 비디오 플레이어 컨트롤에 맞춘다. (그림 10.10)

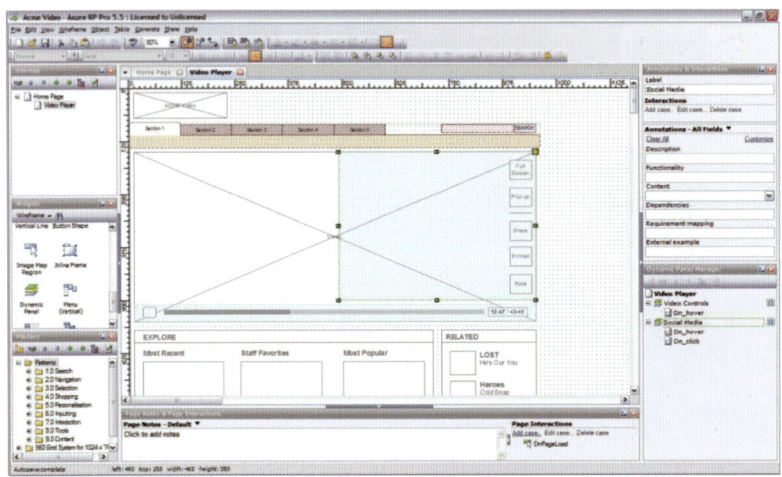

그림 10.10
스크린에서 다이나믹 패널의 예

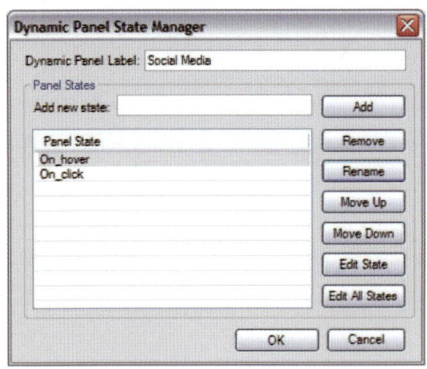

그림 10.11
다이나믹 패널 상태 관리자

3. 우측에 있는 다이나믹 패널Dynamic Panel을 더블클릭한다. 다이나믹 패널 상태 관리자-Dynamic Panel State Manager 창이 등장한다. (그림 10.11)
4. 다이나믹 패널 레이블Dynamic Panel Label 필드에 의미 있는 이름을 넣는다. (예: 소셜미디어 컨트롤)
5. 첫 번째 패널 상태를 선택하고 이름 바꾸기Rename 버튼을 선택한다. 이름 필드에 'On_hover'를 기입하고 확인을 선택한다.
6. '새 상태 필드 추가Add new state'에 'On_click'을 입력하고 확인을 누른다.
7. 다이나믹 패널 상태 관리자에서 첫 번째 상태On_hover를 선택 후 더블클릭한다. On_hover라는 새로운 탭이 등장한다. 스크린에 다이나믹 패널 관리자도 On_hover가 강조된다. (그림 10.12)
8. 와이어프레임 패널에서 몇 개의 직사각형 위젯을 끌어 페이지 위

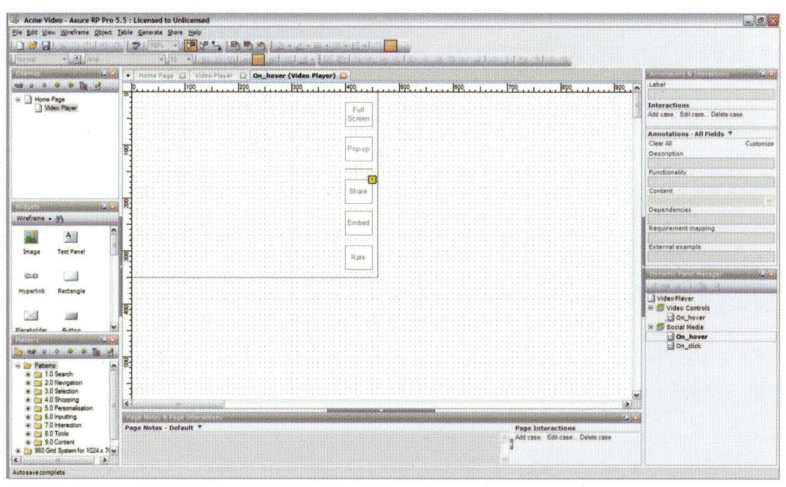

그림 10.12
On-hover 다이나믹 패널 상태 관리자

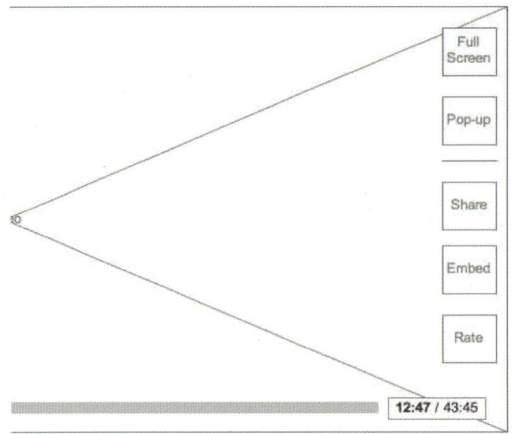

그림 10.13
소셜미디어 컨트롤 다이나믹 패널

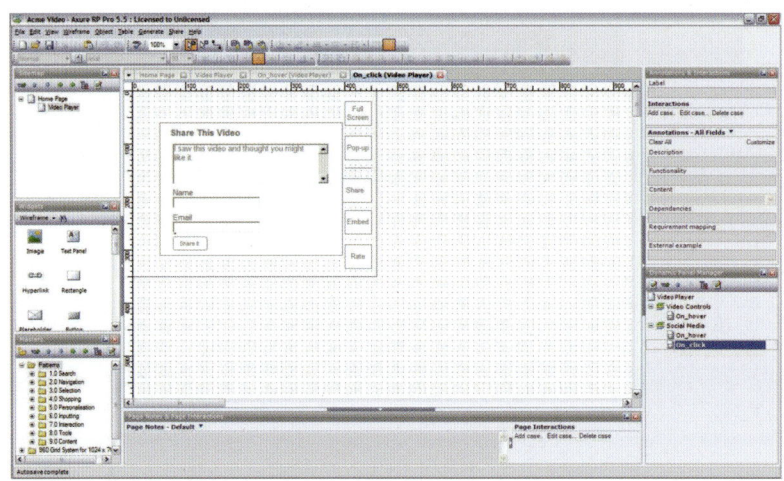

그림 10.14
소셜미디어 컨트롤 다이나믹 패널의 On_click 상태

에 올려놓고, 그림 10.13과 같이 보일 수 있도록 레이블 값을 준다.

9. 다이나믹 패널 관리자에서 On_click 상태를 선택하고 더블클릭

한다. On_click(video player)이라고 적힌 탭이 새로 등장하게 된다.

10. 그림 10.14와 같이 보이도록, 와이어프레임 패널에서 직사각형 위젯을 끌어 페이지에 올리고, 레이블 값을 준다.

11. 다이나믹 패널 관리자에서 On_click 상태를 선택하고 더블클릭한다. On_click이라고 적힌 탭이 등장한다.

12. 직사각형 모양의 공유Share를 선택한다.

13. 주석과 인터랙션 패널에서 On_click 옵션을 더블클릭한다. 인터랙션 케이스 속성 창이 등장한다. '1단계: 필드 정의'에 의미 있는 이름을 적자(예: 공유). '2단계: 액션 선택'에서는 설정 패널Set Panel 상태를 체크박스의 목록에 있는 상태Set Panel state to State로 선택한다. '3단계: 액션 설명 편집'에서 '패널 상태 연결Panel state to State link'를 선택한다. 그러면 패널 상태 설정Set Panel state to State 창이 등장

그림 10.15
패널 상태 설정(Set Panel state to State) 창

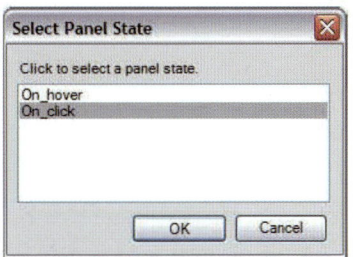

그림 10.16
패널 상태 설정(Select Panel State) 창

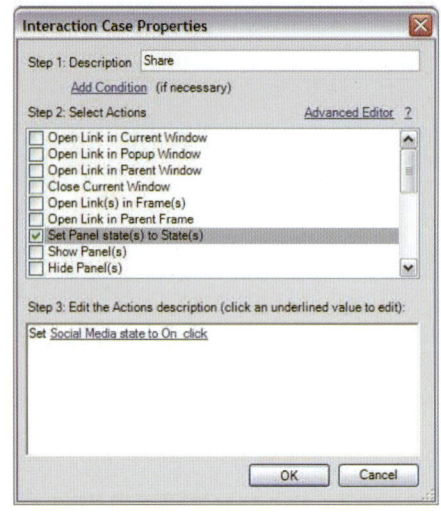

그림 10.17
업데이트된 패널 상태 설정 창

그림 10.18
인터랙션 케이스 속성 창

하게 된다. (그림 10.15)

14. '1단계: 패널 선택'에서 'Set Social Media state to State'를 체크한다. '2단계: 액션 설명 편집'에서는 On_hover 링크를 선택한다. 이때 패널 상태 선택 Select Panel State 창이 등장한다. (그림 10.16)

15. On_click 옵션을 선택하고 확인을 누른다. 이제 확인을 한 창은 닫히고 패널 상태 설정 Set Panel state to State 창이 등장한다. (그림 10.17)

16. 새로 업데이트된 패널 상태 설정 창에서 확인 버튼을 선택한다. 이제 패널 상태 설정 창이 닫히면서 새로 업데이트된 인터랙션 케이스 속성 창이 나타나게 된다. (그림 10.18)

17. 업데이트 된 인터랙션 케이스 속성 창에서 확인을 누른다.

18. 이때 OnClick 인터랙션을 시험해 보기 위해 프로토타입을 만들 수 있다. 메인 메뉴에서 생성 Generate 를 선택하자. 생성 메뉴 아래

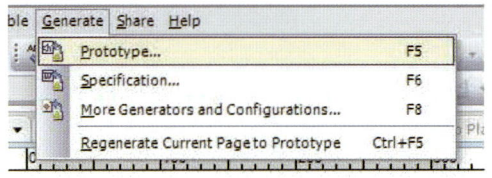

그림 10.19
메인 메뉴에서 프로토타입 생성하기

의 프로토타입Prototype(단축키 F5)을 선택하면 그림 10.19와 같은 화면이 된다.

비디오 플레이어 화면을 불러오는 즉시 화면에 다이나믹 패널의 호버hover 효과가 나타나는 것을 볼 수 있다. 이 부분은 다음에 올 단계들에서 수정될 것이다. 그러나 우선 OnClick 인터랙션이 정상적으로 동작하는지 확인하기 위해서 우측에 있는 아이템 공유Share item를 클릭하자.

7단계: 다이나믹 패널 숨기거나 보여주기
기본적으로 Axure는 페이지를 한 번 불러오면 다이나믹 패널의 첫 번째 상태를 보여준다. 이런 환경에서 작업할 때 공백 형태의 첫 번째 상태를 만들거나 페이지 로딩 시 패널을 숨기는 인터랙션을 구현해서 좀 더 편리하게 작업 환경을 구성할 수 있다.

1. 비디오 플레이어 페이지의 탭을 선택한다.
2. 페이지 노트와 인터랙션Page Notes & Interaction 패널에서 온페이지로드OnPageLoad옵션을 선택하고 더블클릭한다. 인터랙션 케이스 속성 창이 등장하게 된다.
3. 1단계에 의미 있는 이름을 기입한다. 2단계에는 패널 숨기기Hide

Panel(s)를 선택한다. 3단계에서는 패널 연결 Panel Link을 선택한다.

4. 패널 선택 Select Panel 창에서 비디오 컨트롤과 소셜미디어 컨트롤 항목을 모두 선택한다. 그리고 확인을 누르자.
5. 인터랙션 케이스 속성 창에서도 확인을 선택한다.
6. 메인 메뉴에서 프로토타입을 생성하고 이제 컨트롤들이 숨겨져 있는지 확인한다.

8단계: 마우스오버 Mouseover 시 컨트롤을 보여주거나 숨기기

이제 거의 마지막 부분이다. 이제 마우스가 커다란 비디오 플레이어 위를 맴돌 때 컨트롤을 보여주는 중간 상태를 만들 것이다.

1. 비디오 플레이어 페이지 탭을 선택한다.
2. 페이지의 커다란 비디오 개체 틀 요소 placeholde를 선택한다.
3. 주석과 인터랙션 패널 안의 온마우스엔터 OnMouseEnter 옵션을 선택하고 더블클릭한다. 이때 인터랙션 케이스 속성 창이 등장한다.
4. 1단계에 의미 있는 이름(예: Show video Controls)을 입력한다. 2단계에서 패널 보여주기 Show Panel(s)를 선택하고 3단계에서 패널 연결 panel link을 선택한다.
5. 패널 선택 Select Panels 창에서 비디오 컨트롤과 소셜미디어 컨트롤을 모두 선택하고 확인을 누른다.
6. 인터랙션케이스 속성 창에서 확인을 누른다.

이제 비디오 플레이어 개체 틀 위에 마우스가 움직일 때 컨트롤들이 등장하도록 하는 인터랙션이 준비되었다. 이제는 마우스가 비디오 플레이어 개체 툴을 떠났을 때 이를 숨겨줄 수 있도록 해야 한다.

1. 페이지에서 비디오 개체 틀 요소를 선택한다.
2. 주석과 인터랙션 패널 안의 온마우스아웃OnMouseOut 옵션을 선택하고 더블클릭한다. 이때 인터랙션 케이스 속성 창이 등장한다.
3. 1단계에 의미 있는 이름(예: Hide Video Controls)을 입력한다. 2단계에서 패널 숨기기Hide Panel(s)를 선택하고 3단계에서 패널 연결을 선택한다.
4. 패널 선택Select Panels 창에서 비디오 컨트롤과 소셜미디어 컨트롤을 모두 선택하고 확인을 누른다.
5. 인터렉션케이스 속성 창에서 확인을 누른다.
    이 시점에서 주석과 인터랙션 창은 그림 10.20과 같이 보여야 한다.

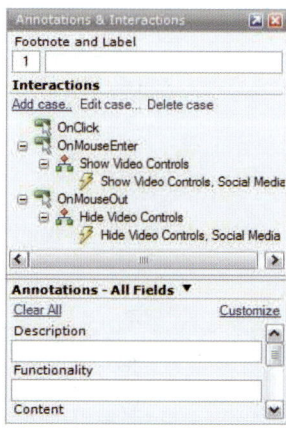

그림 10.20
화면의 다이나믹 패널 예제

6. 메인 메뉴에서 프로토타입을 생성하고 실행해 보자.

CHAPTER 10 Axure RP Pro   197

앤더조그는 인터랙티브 프로토타이핑의 가치를 어떻게 알게 되었는가

Concept7은 앤더조그의 웹사이트 www.anderzorg.nl를 재디자인하는 과정에서 핵심 커뮤니케이션 툴로 인터랙티브 프로토타입을 사용하였다. 결과적으로 소비자 만족도와 온라인 판매가 매우 크게 증가하였다.

네덜란드의 의료보험제는 독특해서 정부가 각 보험회사들에게 대부분의 일반적인 건강문제가 보장되는 기본 보험을 의무적으로 제공하게 한다. 이후, 덜 일반적인 건강 문제에 대한 추가 보험을 사람들이 선택하여 가입하게 한다.

추가 보험 옵션은 비교하기가 굉장히 어렵다. 해마다 내용이 변하면서 기업 간에 차이가 많다. 사실 인디펜더 Independer.nl의 리서치에 따르면(2008.12.9), 전체 네덜란드 의료보험 고객의 40%는 그들이 갖고 있는 의료보험이 무엇인지, 어떤 부분이 보장되는지 알지 못했다.

프로젝트의 목표는 소비자에게 충분한 정보를 제공하여 어떤 보험을 가입할지 잘 결정할 수 있도록 만드는 것이었다. 또한 사용자가 구독하는 과정에 있어서 오류의 비율을 줄이고 가능한 사용하기 쉽게 만들고자 했다.

현재 사이트의 불편한 점을 발견하기 위해서 우리는 전문가 분석과 아이트래킹 eye-tracking 연구를 병행했다. 이 웹사이트의 구 버전에서는 한 보험이 어떤 내용을 보장하는지에 대한 정보를 보기 이전에 사용자들이 보험을 선택하는 과정이 들어가 있었다.

연구 프로젝트들을 진행하면서, 우리는 참여자들이 의사결정에 위한 필요한 정보가 부족할 때, 더욱 좌절감을 느낀다는 것을 알게 되었다. 참여자들은 다른 보험들을 비교하기 위해서 웹사이트를 앞뒤로 이동해야 했다. 일부 정보들을 인식하는 수준이 아닌, 전체 정보를 기억해내야 했다.

우리는 다양한 아이디어 스케치와 손으로 그려낸 화면 목업 mockup들을 제작하는 것으로 시작했다. 다른 보험 옵션 간의 차이들 사이에서 소비자의 결정을 돕는 최고의 해답으로 매트릭스 형태가 좋을 것이라고 생각했다. 우리는 목업을 사용해서 그들의 조직을 준비시키고 가능성을 알아보고자 하였다.

　세부적인 사항이 좋거나 나쁜 소비자 경험을 결정한다. 이 특정한 케이스에서는 좋은 콘텐츠가 극도로 중요했다. Axure RP Pro를 통해 제작한 인터랙티브 프로토타입에서 진짜 콘텐츠를 사용함으로써, 우리는 참여자들이 사이트를 방문했을 때 레이블과 콘텐츠에 어떻게 반응하는지 알아볼 수 있었다. 이것은 인터랙티브 프로토타입이 없었다면 효과적으로 측정할 수 없을 중요한 내용이었다.

　프로토타입을 제작할 때, 보험 보장 부분에 대한 요약을 매트릭스 형태로 미리 보여줄 수 있었고(그림 10.21), 이를 통해 고객은 다른 보험 옵션들에 대해 확인할 수 있었다. 테스트를 진행하면서 많은 참가자들이 "이제 내가 뭘 알고 결정할 수 있겠네요. 이게 훨씬 낫군요"라는 이야기를 들을 수 있었다.

그림 10.21
보험 매트릭스의 프로토타입

　인터랙티브 프로토타입의 부수적인 이점은 콘텐츠 제작자와 소유자들에게서 나타났다. 주제 관련 전문가와 콘텐츠 작가들은 보다 명확하게 어디에 어떤 내용이 필요한지 알 수 있었다. 쓰여진 문서보다 인터랙티브 프로토타입이 훨씬 효과적이라는 것을 알게 된 것이다.

　프로토타입을 사용하면서 우리는 소비자 만족도를 72%에서 82%까지 높일 수 있었다. 독립적인 시장조사기관에 따르면 이것은 네덜란드에서 가장 높은 수치였고, 그들의 지사들 중에서도 최고였다.

다시 디자인된 앤더조그의 웹사이트는 이들의 대화 속도를 48.15%나 끌어 올렸으며 건강보험 관련 구독 숫자를 두 배로 늘렸다.

- Concept7의 헹크 윈홀즈Henk Wijnholds와 스테판 우벤Stefan Wobben

추가 자원

Axure는 다수의 비디오 교육자료와 애드온 라이브러리를 웹사이트에서 제공하고 있다. 그리고 이런 써드파티 자원의 일부는 AJAX 스타일의 인터랙션을 훨씬 쉽게 만들 수 있게 해준다.

Axure 비디오 교육자료들 | http://www.axure.com/online-training.aspx
많은 비디오 교육자료들이 Axure의 웹사이트에서 직접 제공된다.

Axure 샘플 파일들 | www.axure.com/sampleProjects.aspx
Axure의 웹사이트에서 RP 프로젝트 예제를 다운로드하고, 프로토타입을 강화하자.

Axure 위젯 라이브러리 | www.axure.com/widgetLibraries.aspx
YUI! 디자인 스텐실 키트를 기반으로한 일반적인 인터페이스 아이콘과 디자인 구성요소들을 Axure의 웹사이트에서 직접 받을 수 있다.

Axure RP 마스터 라이브러리 | Code.google.com/p/axlib

이안 펜Ian Fenn과 루크 퍼먼Luke Perman의 노력으로 Axure에서 AJAX스타일의 인터랙션을 제작하기가 훨씬 용이해지는 구성요소 라이브러리를 받을 수 있다. Axure RP 마스터 라이브러리는 구글 코드에서 제공된다.

로렌 박스터의 Axure 디자인 라이브러리 | www.acleandesign.com/2008/09/axure-design-pattern-library-v2

이 라이브러리는 AJAX 필드 확인, 자가치유self-healing, 카루셀 등과 같은 다수의 디자인 패턴이 포함되어 있다.

요약

Axure RP Pro는 프로토타이핑 현장에서 분명히 중요한 역할을 하고 있다. Axure RP Pro를 사용한 프로토타이핑을 고려해 보아야 하는 이유는 다음과 같다.

- Visio를 사용할 줄 안다면, 이와 비슷하지만 더 나은 프로토타이핑을 제작할 수 있다.
- 와이어프레임, 명세 문서, 프로토타이핑 작성을 위한 통합 솔루션이다.
- 일반적인 GUI 요소를 위한 기본 위젯과 마스터 기능이 제공된다.
- 손쉽게 클릭이 가능한 HTML 프로토타입을 생성할 수 있다.

CHAPTER 11

HTML

장점 **206**

약점 **208**

HTML을 사용한 프로토타이핑 **209**

HTML 프로토타입 제작하기 **211**

추가 자원 **228**

요약 **231**

HTML의 활용 적합도

프로토타이핑 모델

종이 기반 모델 ◐
디지털 기술 활용 모델 ●
서술성 모델 ●
양방향성 모델 ●
속성 모델 ●

적용 단계

제품 기획 초기 단계 ●
제품 기획 말기 단계 ●

호환성 및 비용

Mac ●
Windonws ●

이동성 및 사용성

웹 ●
모바일 ●
물리적 구동 ◐
코드 재사용성 ●

협업, 배포 및 추적 가능성

협업 ●
배포 ●
추적 가능성 ●

● 매우 적합   ◐ 비교적 적합   ○ 적합지 않음

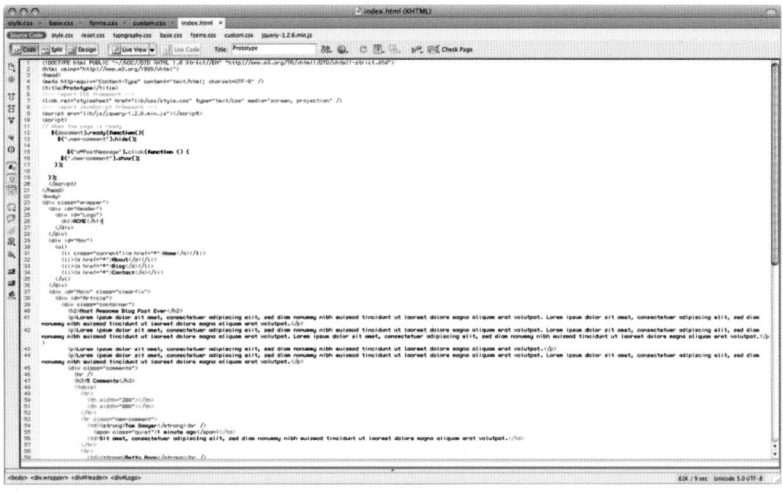

그림 11.1
HTML 프로토타입의 소스코드 화면

HTML 프로토타입은 빠르고 거칠게 제작하는 수준부터 제품 생산 단계의 시뮬레이션 수준까지 다양한 형태로 구성할 수 있다.

슬랩-앤-맵 방법slap-and-map method(빠른 시간에 핵심 요소만으로 구성하여 보는 방법)은 HTML을 사용하여 몇 장의 JPG 이미지를 뭉쳐 놓고 이미지에 좌표를 설정하는 방법으로 인터랙티비티(양방향성)를 부여한다.

대충 만드는 HTML 프로토타입은 소스코드로 HTML을 사용하지만, 절대로(혹은 가급적) 최종 제품을 위해 재사용되어서는 안 된다. WYSIWYG 모드인 Dreamweaver 편집기를 사용하거나 Axure RP Pro에서 나온 프로토타입이 이런 경우에 속한다.

최종 제품 수준의 HTML 프로토타입은 물론 있다. 이를 프로토타이핑 방법 중 '성배'라고 부른다. 이는 제작자에게 수준 높은 HTML 코딩 기술이 있어야 가능하다. 별로 흔한 방법은 아니지만 필자가 선호하는

HTML 프로토타이핑 방법이다.

Blueprint, 960, YUI!를 포함한 CSS 프레임워크 작업 도구들은 jQuery, Prototype, YUI!(CSS와 자바스크립트 프레임워크를 함께 포함하고 있다) 등의 대중적인 자바스크립트 프레임워크 도구들과 혼합하여 사용하면 HTML 프로토타이핑을 훨씬 수월하게 진행할 수 있다.

어렵겠지만, 굳이 손을 쓰겠다고 결심을 하게 되면, 아마 생각보다는 HTML 프로토타이핑이 쉽다는 것을 발견하게 될 것이다. 초기의 공포스러운 요소만 잘 넘어가면 된다. 이 장을 읽는 것이 첫 걸음이라고 생각하고, 한 번 진행하여 보자.

장점

HTML 프로토타이핑을 성배 수준으로 만들어 주는 장점은 다음과 같다.

- **플랫폼 독립성**

HTML은 맥, 윈도, 리눅스 어디서나 작업할 수 있다.

- **무료**

사용 가능한 HTML 편집 도구는 셀 수도 없이 많다.

- **이식성**

HTML 프로토타입을 서버에 올리고 세계 어디에 있는 누구든 관계없이 공유할 수 있다. 이를 보기 위해서 그 무엇도 다운로드해야 할 필요가 없다.

- **현실성**

HTML 프로토타입은 우리가 얻게 되는 최종 산출물과 굉장히 유사하게 작업이 가능하다.

- **측정 가능성**

실제 코드로 작업하면서, 어떤 내용이 구현 가능할지에 대한 감각과 이를 위해 얼마만큼의 노력이 필요한지 알 수 있다.

- **모듈, 요소 기반**

HTML 프로토타입은 요소 기반의 접근이 가능한 파일들을 포함하게 된다. 이로 인해 생산성과 일관성이 증대된다.

- **다수의 무료 프레임워크**

jQuery, Prototype, Blueprint 같은 무료 프레임워크들이 등장하면서 그 어느 때보다 HTML 프로토타이핑을 손쉽게 진행할 수 있다.

- **협업**

HTML 프로토타입은 하나의 파일로 작업되지 않기 때문에 다수의 팀원들이 동시에 작업을 진행할 수 있다. 단, 주의해야 할 점이 있다. 한 명 이상의 인원이 HTML 프로토타입을 진행할 경우 반드시 GitHub이나 Subversion 같은 버전 관리자를 사용해서, 파일이 덮여 사라지는 심장마비 생길 일은 방지하도록 하자.

- **재사용 가능한 코드**

올바르게 작업이 완료되었을 때, 프로토타입을 제작하면서 투자된 시간과 노력을 종종 실제 생산에 재사용할 수 있다. 우리가 Messagefirst에서 제작하는 프레젠테이션 레이어 코드의 80~85%를 개발팀에 제공하는데, 이는 생산과 실행에 있어서 반드시 필요하다.

- **무한한 잠재력**

충분한 시간과 노력만 기울인다면, 거의 모든 것이 가능하다.

약점

세상에 완벽한 것은 없다. HTML이 완벽하지 못한 몇 가지 이유는 다음과 같다.

- **시간과 노력**

처음 시작할 때 HTML 프로토타입을 코딩하려면 시간이 많이 소비되는 편이다. 초기에 진입하기 위한 시간을 어느 정도 예측해야 한다. 기술이 증진되면 물론 HTML 프로토타입을 빠른 시간에 충분히 제작할 수 있는데, 그렇지 않다면 프로토타입을 다른 도구들을 이용해 제작할 수도 있다.

- **주석**

HTML 프로토타입에 주석을 다는 것은 도전적인 일이다. 보통은 페이지의 마지막에 노트를 붙이거나, ⟨div⟩ 태그 안에서 토글 되어 보이거나 보이지 않게 하여 구성한다. W3C에서는 RDF Resource Description Framework(웹의 자원에 대해 메타정보를 표현하기 위한 모델)을 통하여 주석이 포함되도록 작업 중에 있다.

HTML을 사용한 프로토타이핑

개인적으로 2006년 이후 와이어프레임을 작성해 본 적이 없고, 향후에도 가급적 하지 않을 생각이다. 필자는 HTML, CSS 그리고 자바스크립트를 사용하는 프로토타이핑을 사랑한다. 여기까지 오기에 나는 크게 두 가지 이유가 작용했다.

우선, 도전을 좋아한다. Fireworks에서 몇 개의 화면을 작업하여 목업을 만들고, 인터랙티비티를 조작하는 것은 정말 쉬운 일이다. 우리는 어떤 불가능한 디자인에 봉착했을 때 이를 알아내고 극복하는 방법에 대해 알아야 할 필요가 있고, 이런 작업에 흥분을 느낀다.

한 가지 시인하자면, 다수의 브라우저를 지원해야 하는 이슈는 좌절스럽다. 특히나 IE6(인터넷 익스플로러 6)는 모든 개발자의 골칫덩어리다.

두 번째로는, 클라이언트를 대상으로 HTML을 보여주고 얻는 반응이 내가 시도한 다른 어떤 방법보다 탁월했다는 데 있다. AJAX 스타일의 효과를 화면으로 보자마자, 말 그대로 의자에서 뛰어올라 흥분하면서 반응하는 클라이언트도 있었다.

AJAX 스타일의 인터랙션

얼마 전에 우리는 클라이언트를 위해 내부적인 애플리케이션을 디자인하는 작업을 진행하고 있었다. 이 애플리케이션은 그들의 시스템에서 새 프로젝트를 설정하고, 프로젝트에 선정된 사람들에게 이를 알려주는 용도로 사용되었다.

미니멀리스트minimalist 디자인의 팬이 된 이후, 우리는 점차적으로 보이거나, 자체적으로 회복하는 시스템 메시지들을 가능한 화면을 항상 깨끗이 유지하면서 AJAX 스타일의 효과들을 사용하기로 결정했다.

화면에 한 번에 선택 가능한 모든 옵션들을 동시에 보여주는 것보다, 필요 필드만을 보여주는 방식을 택했다. 따라서 사용자가 종속적인 필드가 포함된 필드를 선택하면 종속 필드가 화면에 점차적으로 등장하는 방식으로 디자인을 진행하게 되었다.

몇 단계를 거쳐 설정하면 이 사용자는 화면의 위쪽에 새로운 프로젝트를 설정하는 데 성공했다는 메시지를 받게 된다. 그러고 나면, 바로 대시보드로 화면이 전환되고 수 초 후, 메시지는 툭 하고 닫히며 사라진다.

우리가 클라이언트에게 프로토타입을 보여주었을 때, 클라이언트의 책임자는 회의에 몰입하지 않고 있었다. 그는 프레젠테이션을 대충 보면서 블랙베리로 이메일을 보다가 의자를 앞뒤로 흔들고 있었다. 성공하는 메시지 효과가 나올 때까지만 말이다.

우리가 프로젝트의 셋업을 마치자마자 그는 화면의 성공 메시지를 주시하였다. 그리고 그는 천천히 마법과 같이 자동적으로 사라져가는 창을 보았다.

책임자는 블랙베리를 컨퍼런스룸의 테이블에 내동댕이치면서 외쳤다. "맙소사! 이건 제가 본 것 중에 가장 멋진 것입니다. 한 번만 더 해 주실 수 있나요?" 그래서, 다시 실행해 주었다.

필자는 클라이언트에게 와이어프레임을 보여주면서 이런 반응을 받은 적이 이전에는 단 한 번도 없었다. 와이어프레임을 사용할 때보다, HTML 프로토타입을 시작하고 나서 클라이언트들이 기가 막혀 하며 흥분하는 모습을 좀 더 자주 보게 되었다.

HTML 프로토타입 제작하기

일부 케이스에서 기입된 소스코드는 이 책의 판형 너비의 한계로 인해 실제는 이어져 있지만 '↵'표시를 하여 줄바꿈하였다. 책의 공식사이트에서 받을 수 있는 샘플 파일에는 '↵'표시는 없다.

시작하기 이전에, 예제 파일을 다운로드하고 싶다면 아래 웹사이트를 참고하라. Rosenfeldmedia.com/downloads/prototyping/chapter11.zip

예제 파일에는 텍스트와 모양 요소들의 포맷을 구성하기 위한 두 개의 CSS 파일을 추가로 제공하며, 버튼 이미지와 아래 소개되지 않는 내용들이 포함되어 있다. 예제파일 없이 하면 동작은 하겠지만, 예쁘게 보이진 않을 것이다.

1단계: 새로운 파일 만들기

비어 있는 HTML문서를 만들고 이를 index.html로 저장하자. 나는 매번 HTML 프로토타입을 시작할 때 다음과 같은 문구를 사용한다.

```
<!DOCTYPE html PUBLIC "-//W3C//DTD HTML 4.01//EN"
    "http://www.w3.org/TR/html4/strict.dtd">
<html lang="en">
<head>
<meta http-equiv="Content-Type" content="text/html; charset=utf-8">
<title>Untitled Document</title>
<!-- Import CSS framework -->
<!-- Import JavaScript framework -->
</head>
<body>
</body>
</html>
```

몇 가지 코멘트 태그(〈!--로 시작하는 부분)를 볼 수 있다. 여기에는 우리가 가져올 CSS와 자바스크립트 프레임워크를 위해 확보해 놓은 자리이고 이를 통해 AJAX 스타일의 인터랙티비티를 추가하고 프로토타입을 예쁘게 보이도록 만들 수 있다.

2단계: 기본 구조 추가하기

이제 기본 HTML 문서가 제작되었으면 콘텐츠를 올릴 수 있는 기본 구조를 제작해야 한다. 가장 일반적인 요소로는 헤더, 내비게이션, 메인 콘텐츠 영역, 사이드바, 후터가 있다. 이 메인 콘텐츠 영역을 위해 각 요소의 div 컨테이너를 추가하면서 시작해 보자.

```
<div class="wrapper">
  <div id="Header"></div>
  <div id="Nav"></div>
  <div id="Main">
    <div id="Sidebar"></div>
  </div>
  <div id="Footer"></div>
</div>
```

Tip Class와 ID를 구분하기 쉽게 하기

CSS 스타일을 제작할 때 필자는 Class들을 위해서 소문자 영어만으로 이름을 짓고(예: wrapper) ID를 위해서는 대소문자를 혼용하여 제작한다(예:SlideShow). 이렇게 제작하면 소스코드를 빠르게 보는 데 도움이 되고 Class와 ID 요소를 구분하는 데도 용이하다.

눈치를 챈 독자분도 있겠지만, 나는 'wrapper' div를 전체 구성 요소에 둘러쌓았다. 이 처리를 통해서 간단히 컨테이너에 있는 모든 요소들을 묶어 950픽셀 너비의 화면 중앙에 정렬시켜 CSS 처리를 할 수 있다.

기본 구조를 갖추었으니, 몇 가지 콘텐츠를 추가해 보자. 로고와 탐색 요소들, 아티클 섹션, 헤딩 요소들을 메인 컨테이너에 각각 추가한다.

```
<div class="wrapper">
  <div id="Header">
    <div id="Logo">
      <h1>ACME</h1>
    </div>
  </div>
  <div id="Nav">
    <ul>
      <li class="current"><a href="#">Home</a></li>
      <li><a href="#">About</a></li>
      <li><a href="#">Blog</a></li>
      <li><a href="#">Contact</a></li>
    </ul>
  </div>
  <div id="Main" class="clearfx">
    <div id="Article">
      <div class="container">
        <h2>Content</h2>
      </div>
    </div>
    <div id="Sidebar">
      <div class="container">
        <h2>Sidebar</h2>
      </div>
    </div>
  </div>
  <div id="Footer">
    <div class="container">
```

```
        <h2>Footer</h2>
      </div>
    </div>
  </div>
```

이 시점에서 브라우저로 페이지를 열게 되면 그림 11.2와 같은 모습이 나타난다.

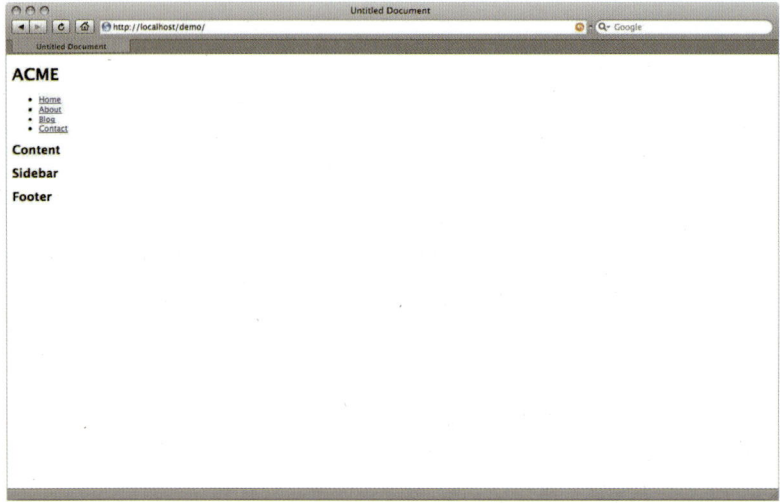

그림 11.2
스타일이 없는 기본적인 HTML 프로토타입

3단계: 스타일 입히기

이제 기본 구조가 자리를 잡았다. 각 요소에 스타일을 추가하여 보자. 인터넷에 적합한 콘텐츠를 디자인할 때 가장 흔한 이슈는, 각 웹 브라우저들마다 HTML 요소 렌더링에 대한 서로 다른 세팅값을 가지고 있다는 것이다. 우리의 첫 번째 할 일은 이것을 고치는 것이다. 여러 종류의 브라우저들을 한데 아우를 수 있는 디자인을 CSS 리셋을 사용하여 제작할 것이다.

인터넷에는 다수의 CSS 리셋 파일이 존재한다. 가장 많이 쓰이는 두 가지는 에릭 마이어즈Eric Meyers의 홈페이지 meyerweb.com/eric/tools/css/reset이나 야후!의 developer.yahoo.com/yui/reset을 통해 받을 수 있다.

1. 다음의 내용으로 새로운 파일을 만들고, 이를 reset.css로 저장하자.

```
html, body, div, span, object, iframe, h1, h2, h3, h4, h5, h6, ↵
p, blockquote, pre, a, abbr, acronym, address, code, del, dfn, ↵
em, img, q, dl, dt, dd, ol, ul, li,
feldset, form, label, legend, table, caption, tbody, ↵
tfoot, thead, tr, th, td {margin:0; padding:0; border:0; ↵
font-weight:inherit; font-style:inherit; font-size:100%; ↵
font-family:inherit; vertical-align:baseline;}

body {line-height:1.618;}
table {border-collapse:separate; border-spacing:0;}
caption, th, td {text-align:left; font-weight:normal;}
table, td, th {vertical-align:middle;}

blockquote:before, blockquote:after, q:before, ↵
q:after {content:"";}
blockquote, q {quotes:"" "";}
a img   {border:none;}
```

Tip HTML 프로토타입에 모듈화된 프레임워크 사용하기

우선 style.css라는 CSS파일을 하나 만들고, @import 방법을 이용해 reset.css, typography.css, base.css 파일과 custom.css 파일을 포함한다. reset.css 파일은 모든 브라우저를 같은 상태로 리셋시켜 주는 역할을 한다. typography.css 파일은 서체의 스타일을 정의한다. base.css 파일은 프로토타이핑에 사용할 기본 구조(예를 들어 헤더, 로고, 탐색, 메인, 사이드바, 아티클, 푸터)를 준비시킨다. 마지막으로 custom.css 파일은 프로토타입에 전반적으로 적용될 룩앤필을 원하는 대로 만들어내기 위해 사용할 것이다. 이러한 접근으로 custom.css 파일 내의 30~100줄 정도의 CSS 코드를 관리함으로써 여러 브라우저에서 발생할 수 있는 문제들을 조율할 수 있다.

필자가 주로 프로토타이핑 프레임워크에 사용하는 typography.css 파일은 설명을 생략한다. 관련 내용은 이 책의 공식 사이트에서 내려 받을 수 있다.

rosenfeldmedia.com/downloads/prototyping/chapter11.zip

다수의 브라우저에 대해 준비를 하였으니, 스크린에 표시되는 주요 요소들을 위한 스타일을 위해서 CSS를 제작해 보자.

2.   다음의 코드가 포함되는 새로운 파일을 base.css로 만들자.

```
body {margin:2px 0; background:#111;} /* Gives the body a
little breathing room up top and on bottom. */
.wrapper {width:950px; margin:0 auto; background:#eee;}
/* Groups everything and centers it on the screen. */

/* Establish basic layout elements.
---------------------------------------------- */
#Header, #Logo, #Search, #Nav, #Main, #Article,
#Section, #Sidebar, #Footer {margin:0; padding:0;}

/* Header elements.
---------------------------------------------- */
```

```
#Header {height:48px;}
#Logo {width:230px; padding:5px 10px;}
#Nav {height:30px; width:950px; border-bottom:1px solid #ddd;}

/* Main navigation elements.
---------------------------------------------- */
#Nav ul {margin:10px 0 -9px 10px;}

#Nav li {height:24px; padding:5px 10px; ↵
list-style-type:none; display:inline; color:#4a69a5;}

#Nav li a:link, #Nav li a:visited {color:#0089dc; ↵
text-decoration:none;}

#Nav li a:hover {color:#222;}

#Nav li.current,#Nav li.current a:link ↵
{font-weight:bold; color:#222;}

#Nav li.current a:link {border-bottom:2px solid #222}

/* Main elements.
---------------------------------------------- */
#Main {width:950px; border-bottom:1px solid #ddd; ↵
border-top:1px solid #fff;}

#Article {foat:left; margin:0 10px 0 ↵
0;width:670px; min-height:540px; background:#fff;}

/* Sidebar elements.
---------------------------------------------- */
#Sidebar {foat:right; width:270px;}
#Sidebar .container {margin:0 10px 10px 0;}

/* Footer elements.
```

```
---------------------------------------------- */
#Footer {height:120px; width:950px; color:#eee; ↵
border-top:1px solid #fff; }

/* Tables
---------------------------------------------- */
th {background:#fff;}
tr td {border-bottom:1px solid #ddd;}
tr.even td {background:#e5ecf9;}
tr.new-comment td {background:#ffffdd;}

/* Miscellaneous elements.
---------------------------------------------- */
.container {padding:1.5em;margin-bottom:1.5em;} ↵
/* Use to create a padded box inside a column.  */

hr{background:#ddd; color:#ddd; clear:both; ↵
foat:none; width:100%; height:1px;margin: 1em 0 ↵
1.45em 0; border:none;} /* Use to create a horizontal ↵
ruler across a column. */

/* Clearing foats without extra markup based on ↵
How To Clear Floats without Structural Markup by PiE ↵
[http://www.positioniseverything.net/easyclearing.html] */

.clearfx:after, .container:after {content:" "; ↵
display:block; height:0; clear:both; visibility:hidden;}

.clearfx, .container {display:inline-block;}

* html .clearfx, * html .container {height:1%;}

.clearfx, .container {display:block;}
```

3. 다음과 같이 style.css 파일을 생성한다.

```
@import 'reset.css';
@import 'base.css';
```

4. CSS 파일들을 링크시키기 위해서 〈!-- Import CSS framework --〉 부분의 오른쪽에 다음의 문구를 삽입한다.

```
<link rel="stylesheet" href="lib/css/style.css"
8 type="text/css" media="screen, projection" />
```

index.html 페이지를 브라우저에서 열면, 그림 11.3과 같은 결과를 볼 수 있다.

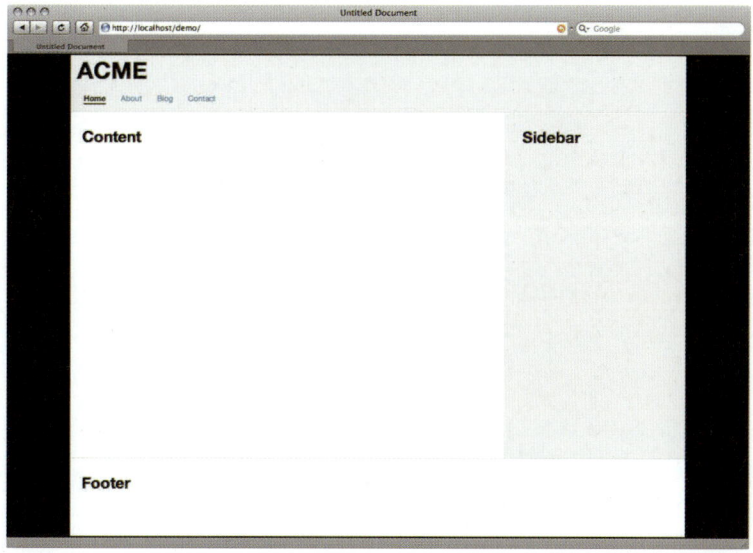

그림 11.3
기본 스타일이 적용된 HTML 프로토타입 구성

4단계: 콘텐츠 추가하기

이제 기본 구조가 준비되었고, 콘텐츠를 추가하는 작업을 시작해야 한다. 블로그 엔트리 영역에 폰트 테스트용 문구를 적어보고, 텍스트를 조금 추가해 보자. 코멘트의 아래 부분에는 또 다른 형태의 코멘트를 입력할 폼을 제작할 것이다. Post Message 버튼을 클릭하면 화면에서 AJAX 스타일로 자동으로 포스트되는 동작을 실행하게 할 것이다.

1. 헤딩 내용을 추가하고 아티클 섹션에 폰트 테스트용 문구를 조금 입력한다.

```
<div id="Article">
  <div class="container">
    <h2>Most Awesome Blog Post Ever</h2>
      <p>Lorem ipsum dolor sit [...].</p>
  </div>
</div>
```

2. 블로그 포스트 이후에 코멘트 섹션을 추가하자. 여기에는 jQuery를 사용하여 시작할 때에는 숨겨둘 코멘트가 포함된다. 다음의 코드는 블로그 포스트의 마지막 줄 이후 필요한 내용이지만 컨테이너 div 태그의 끝부분 이전에 위치하여야 한다.

```
<hr />
  <h3>Comments</h3>
    <table>
      <tr>
        <th width="25%"></th>
        <th width="75%"></th>
```

```html
      </tr>
      <tr class="new-comment">
        <td><strong>Tom Sawyer</strong><br />
          <span class="quiet">1 minute ago</span></td>
        <td>Sit amet, consectetuer adipiscing[..].</td>
      </tr>
      <tr>
        <td><strong>Betty Boop</strong><br />
          <span class="quiet">4 minute ago</span></td>
        <td>Lorem ipsum dolor sit amet, con[...].</td>
      </tr>
      <tr>
        <td><strong>Barney Rubble</strong><br />
          <span class="quiet">16 minute ago</span></td>
        <td>Consectetuer adipiscing elit, [...].</td>
      </tr>
      <tr>
        <td><strong>Winnie Pooh</strong><br />
          <span class="quiet">45 minutes ago</span></td>
        <td>Sed diam nonummy nibh euismod [...].</td>
      </tr>
    </table>
  <h3>Say Something</h3>
    <form>
      <ul>
        <li>
          <label for="Name">Name</label>
          <input id="Name" class="third" />
        </li>
        <li>
          <label for="Email">Email</label>
          <input id="Email" class="third" />
        </li>
        <li>
          <label for="Comment">Comment</label>
```

```
            <textarea id="Comment"></textarea>
        </li>
        <li>
          <label></label>
          <a href="#" id="PostMessage"><img
          src="images/post-message.gif" /></a></li>
    </ul>
  </form>
```

3. 다음으로 'Import Javascript framework' 코멘트 태그 밑에 있는 헤더에서 jQuery 라이브러리를 링크시키자.

```
<!-- Import JavaScript framework -->
<script src="lib/js/jquery-1.2.6.min.js"></script>
```

4. 마지막으로 연결된 jQuery 파일 아래 위치하는 HTML 페이지의 헤더에 작은 jQuery의 마법을 추가하여 보자.

```
<script>
// When the page is ready
  $(document).ready(function(){
    $(".new-comment").hide();

    $("a#PostMessage").click(function () {
   $(".new-comment").show();
  });

 });
</script>
```

끝이다. 업데이트된 프로토타입을 웹 브라우저에서 확인해 보면 그림 11.4와 같은 결과를 얻을 수 있을 것이다.

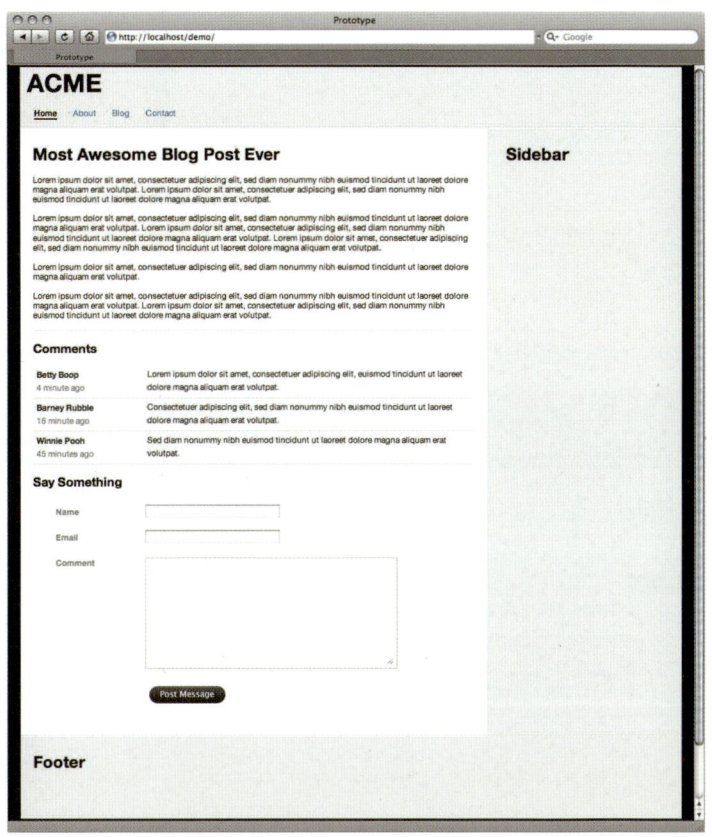

그림 11.4
블로그 포스트와 코멘트가 있는 최종 HTML 프로토타입

'Post Message' 버튼을 누르면, 코멘트 목록의 가장 위에 옅은 노란색으로 강조되어 있는 새로운 코멘트가 나타나는 것을 볼 수 있다. (그림 11.5)

그림 11.5
새로운 블로그 포스트가 강조되어 있는 HTML 프로토타입

    난 이 AJAX 스타일의 변화를 '점차 드러내기 process reveal'라고 하고 싶다. 이것은 화면에 표시해야 하는 상호 의존적인 콘텐츠(화면의 한 아이템을 선택하면 같은 화면 내에 있는 다른 콘텐트를 변형시키는 것)나 조건형 콘텐츠가 많을 때 사용하기 매우 좋은 기술이다.

2008년에 나는 이 방법을 한 대학의 온라인 애플리케이션을 재디자인하는 프로토타입에 사용하였다. 기존의 애플리케이션 프로세스는 총 13개의 화면으로 구성되어 참여자가 최소 20분을 투자해야 완성할 수 있었다. 아래 이야기는 어떻게 내가 '점차 드러내기' 기법을 사용해서 애플리케이션 프로세스를 두 화면으로 다시 디자인하여 참여자들의 완성 시간을 평균 2.5분으로 줄인 과정에 대해 기술한다.

사례 연구 | 프로토타이핑이 어떻게 낭비 요소를 85%나 줄였을까

2008년, 필자의 회사 Messagefirst는 한 대학의 웹사이트와 온라인 애플리케이션 프로세스를 다시 디자인해달라는 의뢰를 받았다. 우리는 전환 비율을 높이고 트랜잭션 기반의 시스템을 좀더 경험하는 데 초점을 맞추었다.

실제로, 대학측의 웹 사이트와 애플리케이션 간의 전환 비율은 생각보다 양호했지만 투자 금액에 비해 개선점이 미미하다고 생각하고 있었다.

우리는 기존의 시스템을 개선하는 프로젝트를 맡을 때마다, 베이스라인 사용성 평가 baseline usability test를 진행하곤 한다. 베이스라인 사용성 연구는 우리에게 어떤 문제가 큰지 알게 할 뿐만 아니라 ROI를 위한 핵심 요인도 파악할 수 있게 해준다. 디자인에 있어서 ROI의 성공 혹은 실패를 제대로 측정할 수 있는 유일한 방법은 기존의 디자인과 비교하는 것뿐이다.

베이스라인 평가를 진행하는 동안, 우리는 참여자들이 13페이지에 달하는 애플리케이션 프로세스에서 고생하고 있다는 사실을 발견하였다. 13페이지라는 분량은 압도적이고 지레 겁을 먹기 쉬운 분량이었다. 몇몇 참여자들은 애플리케이션을 사용하다가 브라우저가 갑자기 닫히면서 입력한 모든 정보가 날아가지는 않을까 걱정하기도 하였다. 이런 경험은 사용자에게 매우 좌절스러운 경험이다.

또한 적절치 못한 여러 가지 상태를 알게 되었는데, 정보를 확인하려면 이곳저곳을 콩콩 뛰어다녀야 할 정도로 끝이 없어 보이는 엄청난 스크롤링 문제였다. 이렇듯 13페이지에 달하는 프로세스, 엄청난 스크롤링 등의 문제로 인해 결국 애플리케이션을 전체적으로 사용해보는 데 평균 25분이라는 시간이 걸렸다.

우리는 우선 현재의 애플리케이션 프로세스에 있는 모든 정보와 필드를 수집하였고, AJAX 스타일의 '점차 드러내기|process reveal'' 방법을 사용하기로 하였다. 각 화면은 최소한의 필요한 정보만으로 구성을 시작하고, 점차적으로 사용자의 선택에 따라 기능과 콘텐츠를 보여주게 하였다. 우리는 새로운 디자인이 다음의 이슈들을 처리하길 바랐다.

- **공포와 겁 줄이기**: 20~30개의 필드들과 13단계를 진행하게 될 것이라는 표식으로 구성된 화면 대신에, 5개의 정보 필드를 보여주면서 2단계의 과정을 진행하게 될 것이라고 알려주는 시각적인 표식을 제공하였다.
- **오류 방지하기**: 화면에서 관계없는 필드는 제거하였다. 그림 11.6과 같이 필요한 내용만으로 시작하였다. 실수할 기회조차 주지 않아야 한다.
- **더욱 가독성이 좋은 인터페이스를 구성하기**: 한 번 선택하면, 선택된 필드라고 알려주는 대신 자동적으로 이를 읽을 수 있는 텍스트로 변환한다. 또한 '점차 드러내

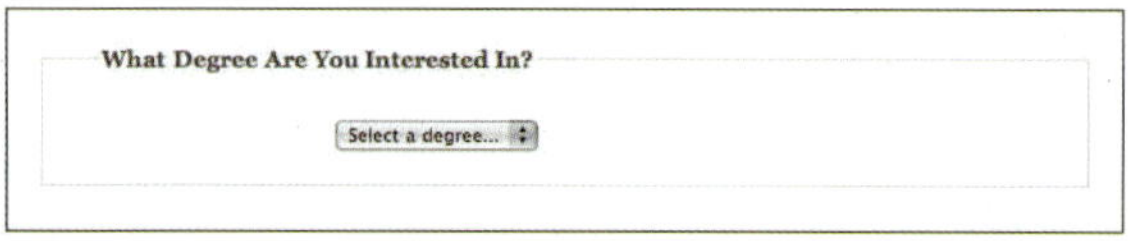

그림 11.6
'점차 드러내기'로 학년 옵션 선택하기

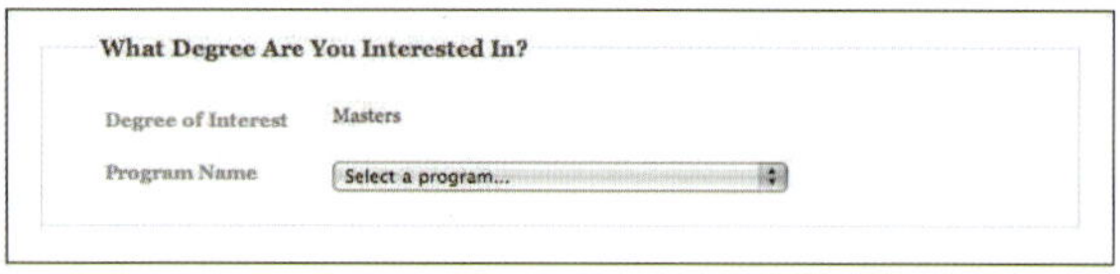

그림 11.7
'점차 드러내기'로 프로그램 옵션 선택하기

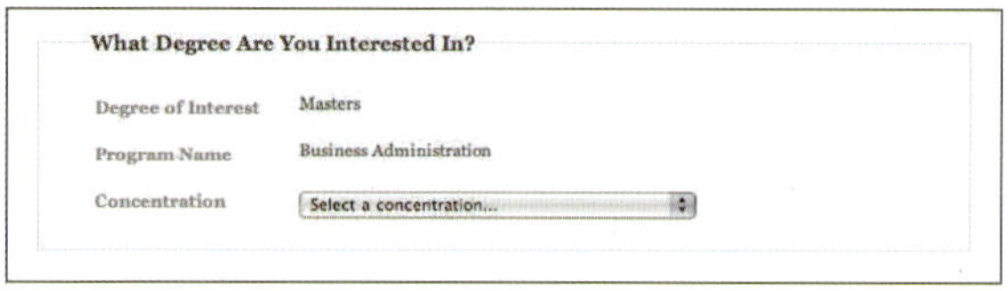

그림 11.8
'점차 드러내기'로 집중 옵션 선택하기

기' 기법을 써서 다음 옵션을 보여준다. (그림 11.7, 그림 11.8)
- **에러 수정하기**: 잘못된 옵션을 실수로 선택하였을 경우, 혹은 마음을 바꾸었을 경우, 이미 선택한 내용을 변경할 수 있는 방법을 제공해야 한다. 읽을 수 있는 텍스트를 클릭하여 수정이 가능한 필드로 변경하도록 한다.
- **효율성과 만족도 개선하기**: 우리는 애플리케이션 프로세스를 빠른 속도와 적은 에러, 프로세스에 대한 만족도를 증가시켜 잠재적인 학생 고객을 얻고 싶었다. 우리는 정보의 양을 그대로 유지하면서 AJAX 스타일의 전환 효과로 13페이지를 2페이지로 줄일 수 있었다. 이는 85%의 개선이었다. 평균적으로 서비스를 처음부터 끝까지 사용하는 데 필요한 시간은 25분에서 2.5분 이하로 줄었다. 이는 1000%의 개선이었다.

오류 비율도 크게 감소하여 원래 2.5회 정도 발생하던 것이, 프로토타이핑을 통해서 0이 되었다. 참여자들은 새로운 인터페이스가 기존보다 얼마나 깔끔해졌는지에 대해 주목하였다. 몇몇 참여자들은 '점차 나타내기'를 보고 실제로 흥분하기도 하였고, 순차적인 액션이 가해져야만 새로운 정보 입력창이 생성되는 방법이 진심으로 마음에 든다며 극찬하기도 했다.

이 프로토타입에서 전반적인 만족지수가 60%에서 95%로 상승하였다. 우리의 디자인 결정이나 기법이 어떠한 효과가 있는지 제대로 평가하고 테스트할 수 있는 방법은, 우리에게 있어서는 프로토타입이 유일했다.

추가 자원

아래는 유용한 추가 자원들이다.

도구

Dreamweaver | www.adobe.com/products/dreamweaver

Adobe에서 나온 웹사이트와 애플리케이션 개발용 도구이다. 분할된 화면과 실시간 미리보기 모드에서는 Dreamweaver를 떠나지 않아도 브라우저에서 프로토타입의 아이디어들이 어떨지 미리 보여준다. 필자와 같은 순수주의자들은 손으로 코딩한 HTML을 Dreamweaver가 덮어 쓰지는 않는지 고민하지 않아도 된다.

TextMate | macromates.com

TextMate는 운영체제에 대한 Apple의 접근 방식을 텍스트 편집도구로 옮겨둔 느낌이다. UNIX의 기초와 GUI를 다리 놓았던 것 같이 TextMate는 양쪽 세계의 최고만을 선별하여 고급 사용자와 초보자들 모두에게 이점을 제공한다.

Coda | www.panic.com/coda

Panic Software에서 출시한 유용하고 작은 '한 화면 개발도구'이다.

프레임워크

960 Grid System | 960.gs

960 Grid System은 960픽셀의 폭을 기준으로 일반적인 웹 개발 작업을 최적화 한 산물이다. 두 가지의 다른 버전, 12칼럼과 16칼럼 버전이 있는데 이는 각기 별도로 사용하거나 동시에 사용할 수도 있다.

Blueprint | www.blueprintcss.org
Blueprint는 CSS 프레임워크로 개발 시간을 절감하고자 하는 목적을 갖고 있다. 이 도구는 기초구조가 튼튼해 프로젝트를 쉽게 할 수 있다. 사용하기 쉬운 그리드와 센스 있는 타이포그래피, 유용한 플러그인, 그리고 인쇄용 스타일 등이 함께 제공한다.

jQuery | jquery.com
빠르고 확실한 자바스크립트 라이브러리로, 신속한 웹 개발을 위한 HTML 문서 탐색, 이벤트 핸들링, 애니메이팅, AJAX 인터랙션을 단순화시켜준다. jQuery는 사람들이 자바스크립트를 작성하는 방법을 변화시킬 수 있게 디자인되었다.

Prototype | www.prototypejs.org
자바스크립트 프레임워크로 다이내믹한 웹 애플리케이션을 쉽게 제작할 수 있다.

Script.aculo.us | script.aculo.us
프로토타입에 사용되며 사용하기 쉽고, 다수의 브라우저 UI용 자바스크립트 라이브러리를 제공하여 웹사이트와 웹 애플리케이션을 잘 동작하게 해준다.

Protonotes | www.protonotes.com

작은 자바스크립트 라이브러리로 포스트잇 형태의 주석을 프로토타입에 삽입할 수 있게 해준다.

관련 아티클

개럿 다이먼 Garrett Dimon의 「Just Build It: HTML Prototyping and Agile Development」 |

www.digital-web.com/articles/just_build_it_html_prototyping_and_agile_development

줄리 스탠포드 Julie Stanford의 「HTML Wireframes and Prototypes: All Gain and No Pain」 |

www.boxesandarrows.com/view/html_wireframes_and_protorypes_all_gain_and_no_pain

요약

가끔은 실용적인 것이 최선의 선택일 경우가 있다. 조금 시간을 들여 HTML, CSS, 기본적인 자바스크립트를 배우자. 이것은 완전히 새로운 프로토타이핑의 세계이다. HTML을 사용한 프로토타이핑을 고려해 보아야 하는 이유는 다음과 같다.

- 생각보다 쉽다.
- 다수의 CSS와 자바스크립트 프레임워크를 사용할 수 있다.
- 게다가 무료다.
- 실제 사용 가능하다. 이를 통해 충실도와 가치를 측정하는 것이 더욱 용이하다.
- 현재 진정한 협업이 가능한 몇 가지 도구 중 하나이다.
- 코드를 최종 제품을 위한 지렛대로 삼을 수 있는 가능성이 열려 있어, 시장 대응 속도를 크게 절약할 수 있다.

CHAPTER 12

프로토타입 테스팅

통상적인 실수 **235**

사용성 테스트 준비하기 **242**

테스트 시나리오 설계하기 **243**

프로토타입 테스트하기 **245**

테스트 과정 녹화 및 피드백 **247**

결과 분석 및 다음 액션 설정하기 **250**

맺음말 **252**

요약 **254**

'테스팅'은 종종 프로토타이핑의 궁극적인 목표로 인식된다. 혹, 궁극적인 목표가 아니더라도, 프로토타이핑 프로세스 실행 중 반드시 한 번은 꼭 거쳐야 하는 중요한 단계이다. 사용성 테스팅은 이미 하나의 산업계를 이루고 있다. UPA(Usability Professionals Organization: 전미 사용성 전문가 협회)가 이미 결성되어 있고, ACM의 SIGCHI도 오랜 전통을 자랑한다. 또한 제이콥 닐슨Jacob Nielsen의 『Usability Engineering』, 조셉 듀만스Joseph Dumans와 재니스 레디시Janice Redish가 함께 집필한 『A practical guide to usability testing』을 비롯한 많은 책들이 시중에 나와 있다. 미국 정부가 직접 운영하는 프로젝트 사이트 www.usability.gov도 있다. 이렇게 많은 문헌들이 이미 존재하고 있음에도 불구하고, 사용성 테스팅 중에 수많은 실수들이 빚어지는 것은 신기하지 않을 수 없다. 사용성 테스팅이라는 것 자체가 아귀가 한 번에 딱 맞아 떨어지는 작업이 아닌 것도 사실이긴 하다.

통상적인 실수

대인對人 테스팅, 혹은 원격 테스팅 같은 실로 다양한 방법론들, 그리고 너무나 많은 소프트웨어 툴들, 실행 방법들이 존재하며, 결과를 정리하는 방법도 시중 아이스크림 종류보다 더 많은 수가 존재한다. 이 장에서 실수의 유형을 모두 논할 수는 없지만, 향후 실전 사용성 테스팅에서 일어나기 쉬운, 통상적으로 자주 이슈화되는, 부분들에 대해서 살펴보고 어떻게 실수를 방지할 수 있는지에 대해 이야기를 나눌 것이다.

실수 1: 사용성 테스트는 프로세스의 한 부분이지, 이벤트가 아니다.
사용성 테스트는 기획, 리쿠르팅, 실전 테스트, 분석, 결과 보고라는 매우 중요한 프로세스들을 통해 완성된다. 그저 프로토타입을 어떤 사람에게 던져주고 사용 행태를 지켜보는 것은 어려운 일이 아니다. 그러나 특정 목적을 가지고, 답을 찾고, 분석하여 결론을 내리는 작업은 완전히 다른 이야기다. 사용자 테스트가 전체 프로젝트의 질적 향상을 위해서 매우 중요한 프로세스임을 공감하고, 모든 프로젝트 참가자가 맡은 역할을 잘 해내는 것이 매우 중요하다.

실수 2: 부실한 설계
사용성 테스트를 기획할 때에는 누구를 대상으로, 어떤 것을, 언제, 어디에서, 왜 그리고 어떤 방식으로 테스트하느냐에 대해 숙지하는 것이 매우 중요하다. 가장 먼저 염두에 두어야 할 것은 '왜 사용성 테스트를 하려고 하는가?'이다.

사용성 테스트는 주어진 시간 안에서 사용자가 어떤 노력을 기울여서 과업을 수행하고, 어떤 포인트에서 만족감을 느끼는지에 대해 정량적으로 알아볼 수 있는 매우 훌륭한 장치이다. 만약 단순히 디자인 타입 A와 B 중 어떤 색상을 선호하는지 등의 비객관적 이슈에 대해 알아보는 것이 목적이라면, 사용성 테스트는 그다지 좋은 접근이라 할 수 없다. 이런 종류의 질문은 사용성 테스트의 한 부분으로는 포함될 수 있으나, 사용성 테스트의 주목적으로는 적합하지 않다.

'누구'를 대상으로 테스트하고 싶은지를 명확히 설정하라. 누가 해당 제품이나 서비스를 사용하는가? 그들의 행동 특성에는 어떤 것들이 있는가? 왜 그들을 테스트 적합 그룹이라고 생각하게 되었는가에 대한 대답을 명확히 해야 할 것이다. 그 이후에 테스트 날짜를 잡고, 이후의 프로세스를 진행하는 것이 정석이다. Messagefirest의 사용성 테스트 사이클 즉, 사용자 테스트를 기획하고, 실시하고, 결과 보고서를 발행하는 데까지 걸리는 시간은 대개 3주에서 4주 정도다. 각 주마다 행해지는 작업 내용을 간략히 요약하자면 아래와 같다.

- **첫째 주:** 리쿠르팅 조건 정책 수립, 테스트 시나리오 개발
- **둘째 주:** 참가자 모집, 테스트 시나리오에 따른 프로토타입의 작동 여부 점검
- **셋째 주:** 프로토타입을 이용한 사용성 테스트 실시, 결과 분석 시작
- **넷째 주:** 결과 분석 마무리 및 결과 보고서 작성

기획 단계에서 발생하는 실수는 테스트 참가자들을 선정하는 과정과 프로토타입의 작동 여부와 관련하여 일어나며, 이 실수들은 최종 결론에까지 영향을 미치게 마련이다. 충분한 시간을 갖고 기획 단계에서 챙겨야 할 이슈들을 꼼꼼히 점검하라.

실수 3: 부적합한 참가자 리크루팅

"나쁜 데이터를 투입하면, 나쁜 결과가 나온다"라는 연구계의 속설이 있다. 사용성 테스트의 목적은 사람들이 어떤 시각으로 디자인을 대하고, 사용하는지를 알아보려고 하는 것이 사실상 전부라고 해도 과언이 아니다. 만약 참가자 리크루팅 단계에서 적합하지 않은 참가자를 모집하게 될 경우, 사용성 테스트의 결과 자체가 왜곡될 수 있다.

정확한 타깃 사용자들 앞에서 디자인이 제대로 작동되지 않는 것과, 타깃 사용자가 아닌 다른 참가자들 앞에서 완벽하게 디자인이 작동하는 것, 둘 중 어느 것이 더 부정적인 상황일까?

몇 년 전, 필자는 'LA에서 주말 즐기기'를 주제로 하는 콘텐츠 사이트에 대한 사용성 테스트 프로젝트를 이끌었다. 그 당시 리쿠르팅 대상자는 정기적으로 소셜네트워크를 사용하며, 블로그에 리뷰를 쓴다거나, 비디오를 찍는 등의 UCC 제작을 해본 경험이 있는 사람들이었다. 리쿠르팅 대행사에서 선정해 보내 온 대부분의 참가자들은 제시된 프로필에 정확하게 부합했고, 덕분에 만족할 만한 결과를 얻었다. 하지만 딱 한 명, 이메일 주소조차 가지고 있지 않았던 부적합한 참가자가 있었다. 이 사람에게서 얻어 낸 데이터는 정말로 필자에게 아무런 의미가 없었음은 물론이다.

정확한 참가자 리쿠르팅을 위해서는 매우 자세한 선별 기준을 확립하거나, 전문가를 고용하는 것이 가장 좋다. 현재 Messagefirst는 자체적으로 리쿠르팅을 실시하고 있다. rosenfeldmedia.com/downloads/prototyping/Sample_Screener.doc에 관련 자료가 있으니 참고하기 바란다.

실수 4: 제대로 설계하지 않은 질문 리스트

사용성 테스트에 있어 또 한 가지 중요한 부분은 바로 테스트에 삽입된 질문을 설계하는 것이다. 참가자가 정확하게 질문의 내용을 이해할 수 있게 해주는 것이 매우 중요하다. 앞서 예로 들었던 'LA에서 주말 즐기기' 사이트를 가지고 설명해보자. 당시 테스팅 대상이었던 콘텐츠는 영화를 찾고, 라이브 콘서트를 찾고, 여러 로컬 이벤트와 맛집을 찾는 기능을 포함하고 있었다.

이 기능에 대한 사용성 테스트를 위해서는, 참가자들에게 저녁식사나 영화 관람을 위해 인터넷 사이트를 이용하도록 유도를 해야 한다. 이에 대한 태스크나 질문을 설계할 때 주의할 것은 사이트 사용 방법이나, 친구들과 함께 식사를 할 것인지의 여부 등에 대한 설명을 자세히 하지 않아야 한다는 것이다. 다만, 상황을 유도하고 지켜보는 것이 현명하다. 설계자가 원하는 방식대로 참가자가 사이트를 사용하도록 유도해서는 안 된다. 테스트의 목적은 '참가자들이 어떻게 사이트를 사용하는가'를 알아보는 것이기 때문이다.

이 프로젝트에서 필자와 스태프들은, 참가자들에 '친구들과 식사를 하고 영화를 보기 위해 이 사이트를 어떻게 이용하시겠습니까?'라고 물어보는 대신, '친구들과 함께 할 무언가를 계획해보세요'라는 상황을 주고, 영화, 라이브 콘서트, 저녁 식사, 뮤직 페스티벌 등의 선택지를 주었다. 행동을 직접적으로 지정하는 것과 자연스럽게 유도하는 것의 차이점을 느낄 수 있는가? 전자의 경우, '식사' '영화'라는 단어들이 너무나 직설적으로 들어가 있어, 참가자가 생각하고 행동할 여지가 적다. 하지만 후자의 경우, 선택 자체를 참가자들에게 맡겨버렸기 때문에, 참가자가 능동적으로 움직일 수 있다. 참가자들의 자유도를 높여야, 그들이 실제 일상 생활에서 해당 사이트를 어떻게 사용할 것인지에 대해 정확하게 이해할 수 있다.

실수 5: 미숙한 테스트 진행

능숙한 사용성 테스트 진행자는 성공적인 테스트 결과를 위해 매우 중요한 요소다. 사용성 테스트를 진행하기 위해서는 일정 스킬에 대한 교육을 받아야 한다. 사실, 테스트 진행을 하려면 매우 많은 노력이 필요하다. 교육 과정을 거치고, 연습하는 등의 시간을 투자해야 한다. (밤을 새우는 정도까지는 아니더라도) 누구나 사용성 테스트를 진행할 수는 있지만, '좋은' 진행자는 매우 소수다. 그리고 솔직히 말하자면, 절대 진행자의 역할을 맡기지 않아야 할 사람들도 가끔 있다.

사용성 테스트 진행에 있어 핵심은 '균형'이다.
좋은 진행자는 어떤 부분에서 참가자와의 대화를 시도해야 하는지, 그리고 어느 포인트에서 침묵해야 하는지 그 비율에 대한 균형을 잘 잡을 줄 알아야 한다. 참가자가 자연스럽게 행동할 수 있는 분위기를 만들어, 가장 실제와 비슷한 환경에서 참가자들이 자유롭게 경험하면서 많은 행동을 보여줄 수 있도록 해주어야 한다. 어느 부분에서 참가자들이 질문을 던지고 싶어 할지 알아 낼 수 있어야 하고, 언제 질문을 던져야 참가자들에게서 의미 있는 대답을 이끌어 낼 수 있을지도 알아야 한다.
진행자들이 가장 많이 범하는 실수는, 참가자들과 너무 많이 이야기를 하는 것, 그리고 뻔한 결과를 유도해낼 수 있는 질문은 하거나, 참가자들의 질문에 대답하느라 많은 시간을 흘려버리는 것이다. 사용성 테스트 현장을 여러 번 견학하면서 준비하면, 이런 실수들은 금방 고칠 수 있다.
테스트 진행 능력을 기르기 위해서는, 실전 연습을 더 많이 할 수 있는 환경과 평가를 해줄 수 있는 멘토를 찾는 것이 필요하다. 그리고 자신이 진행하는 모습을 비디오 녹화해서 분석하여 자신이 어떤 방식으로 진행하는지 면밀히 분석하며 단점을 보완하는 작업이 필요하다.

실수 6: 결과 분석에 적합하지 않은 방법론이나 분석 툴 설정

10~20페이지에 달하는 리서치 리포트를 처음부터 끝까지 꼼꼼히 읽는 사람은 아마 별로 없을 것이다. 자, 이렇게 리포트를 사람들이 제대로 안 읽는다면, 프로토타이핑의 결과물을 소개할 때에는 어떻게 해야 하는가? 그 대응 방안은 작업 환경에 따라 각기 다를 것이다.

리서치 리포트의 모든 요소는 모든 작업을 충실히, 그리고 제대로 해냈다는 증명을 하기 위한 자료일 뿐이다. 현실과 동떨어진 학문적 요소까지 포함되어 있어 "이런 내용이 리포트에 포함되어야 하나"라는 생각이 들 때도 있지만, 어쨌든, 연구의 당위성과 충실도를 증명하기 위해 이 부분은 반드시 정성스레 작성해야 한다.

결과 분석을 위해 효과적인 방법으로는 '퀵 리뷰Quick Review'가 있다. 이는 사용성 테스트 일정이 끝날 때마다 참가자들과 짧은 토론 시간을 갖고 이를 바탕으로 결과를 분석하는 것이다. 이 시간을 통해서 각 참가자들이 보이는 패턴을 분석할 수 있고, 이 패턴들이 사용성 테스트 일정 동안 어떻게 나타나는지 파악할 수 있을 것이다.

파워포인트나 키노트 프로그램을 이용한 프레젠테이션에서는 동영상을 첨부하여 이해를 높이는 방법도 효과적이다. 사용성 테스트 녹화본 중에서, 주목할 만한 장면을 편집하여 보여줌으로써, 참가자의 직접적인 반응을 어필할 수 있다.

사용성 테스트 준비하기

앞에서 다뤘던 가이드라인을 기억해보자.

'대상 사용자와 기획의도를 이해하라'라는 항목이 첫 번째 가이드라인이었다. 이는, 사용성 테스트를 준비할 때에도 가장 먼저 고려해야 할 포인트다. 프로토타이핑 프로세스와 마찬가지로, 8가지 가이드라인은 사용성 테스트의 의사결정 상황에서도 반드시 고려해야 할 체크리스트다.

사용성 테스트를 실시하기에 앞서, 개발/제작 팀과의 토의를 통해 참가자의 어떤 행동 특성을 찾아내고 싶은 것인지를 분명히 해야 한다. 이와 동일하게, 대상 참가자가 하지 말아야 할 행동 특성 역시 확실하게 짚고 넘어갈 필요가 있다. 이 모든 요소들을 면밀히 살펴서 '참가자 모집 정책'을 수립해야 한다. rosenfeldmedia.com/downloads/prototyping/Sample_Screener.doc에서 찾아 볼 수 있으니 자유롭게 활용하기 바란다.

테스트 세션을 음성 녹음이나 비디오 촬영을 통해 자료로 남기려는 시도는 매우 권장할 만하다. 참가자들에게는 평가지 작성의 수고를 덜어주는 한편, 테스트 주최자는 무제한으로 사용성 테스트 장면을 리뷰할 수 있어, 심도 있는 분석을 가능하게 해준다. (단, 비디오 녹화본은 개인정보이므로 철저한 보안이 요구된다.)

사용성 테스트의 기획의도를 숙지해야 테스트 시나리오, 질문, 프로토타입이 유기적으로 통합될 수 있다. 위의 세 가지 요소 즉, 시나리오, 질문, 프로토타입이 서로 의존적인 관계로 영향을 주고받기 때문이다.

가급적 프로토타입을 직접 시연시켜 보며 시나리오와 질문을 설계하는 것이 좋다. 프로토타입을 시연하는 도중에 새로운 테스트 시나리오가 떠오르거나, 추가적인 질문이 필요한 포인트를 찾아낼 수 있기 때문이다. 앞서 설명했듯, 세 가지 요소의 싱크가 딱딱 맞아 떨어져야 자연스러운 사용성 테스트 진행이 가능하다.

테스트 설계에 있어, 테스트 세션 하나의 소요 시간을 45~60분으로 제한하는 것은 업계의 암묵적인 룰이다. 이 시간 동안 대여섯 개의 키 시나리오를 전개하는 것이 참가자들의 집중력을 유지시키는 데 효과적이다. 통상적으로 45분 테스트 후 30분 휴식을 기준으로 스케줄링하여, 하루에 최소 6개, 최대 8개 정도의 테스트 세션을 실시한다. 참가자의 지각이나, 예상치 못한 상황으로 인해 앞 세션이 제한 시간보다 늦게 끝날 것을 대비하여 충분한 시간을 확보하는 차원에서 필요하다. 또한 참가자들로부터 짤막한 소감을 듣거나, 다음 테스트를 위해 프로토타입을 정비하는 데도 휴식시간이 이용된다. 평균적으로 휴식시간은 30분 정도다.

테스트 시나리오 설계하기

테스트 시나리오 설계는 사용성 테스트 세션 중 참가자가 실행해야 할 특정 과업과 목표를 지정해주어 테스트 주최측이 알아내고 싶은 점들을 자연스럽게 보여줄 수 있도록 유도하는 작업이다.

앞부분에 예로 들었던 'LA에서 주말 즐기기' 웹사이트를 다시 한 번 상기해 보자. 이 웹사이트의 사용성 테스트에서 사용자들에게 목표로 주어졌던 것은 '식당이나 밴드 공연 찾기'가 아니라 '친구들과 함께 즐길 거리 찾기'였다. 식당이나 밴드 공연을 찾는 행위는 이 목표를 성취하기 위한 '구체적인 행동'이다. 이 구체적인 행동을 끌어내기 위해서 주어지는 것이 '사용자 목표'다.

잘 설계된 테스트 시나리오는 특정 행동을 직접적으로 지시하기보다는 궁극적인 목표를 제시하고, 그 목표에 맞추어 사용자가 자연스럽게 활동하고 테스트에 몰입할 수 있도록 유도한다. 이를 위해 테스트의 도입부에서 참가자와 충분한 커뮤니케이션을 하여, 반드시 사용자가 수행해야 할 태스크에 잘 접근할 수 있도록 해야 한다.

'LA에서 주말 즐기기' 웹사이트를 이용하여 친구들과 함께 즐길 거리를 찾는 상황에 대한 테스트 시나리오를 예로 들어보자.

"아까 테스트 시작 전에 잠깐 말씀 나눴을 때, 친구들과 주말에 함께 즐길 거리를 찾는다면 [A, B, C, ..] 등을 하신 적이 있다고 하셨어요. 그래서 […]이라는 새로 생긴 클럽을 찾아보고 싶다고 하셨고요. 그러면, 이 사이트를 사용해서 참가자 분께서 원하시는 주말 계획을 세워보시는 과정을 한번 보여주세요."

위의 문장에서 [ ] 안에 들어갈 내용들은, 테스트의 도입부에서 참가자의 긴장을 풀어주는 타임에서 주말을 즐기는 방법에 대해 가볍게 이야기를 나누면서 나왔던 참가자의 경험이다. 이렇게 테스트 전반에 걸쳐 참가자와 커뮤니케이션 하면서 얻은 정보들을 적절히 사용하여 자연스럽게 테스트 태스크와 연결시키는 것이 매우 중요하다. 그 다음은 테스트의 핵심 질문과 관찰 포인트들을 확정해야 한다. 아래의 예시를 살펴보자.

- 태스크를 해결하기 위한 프로세스는 어떻게 시작하는가? (검색 혹은 직접 브라우징?)

- 참가자가 식당을 먼저 찾는가? 아니면 놀 곳을 먼저 찾는가?
- 어떤 정보를 근거로 참가자가 방문할 식당을 선정하는가?
- 어떤 정보를 근거로 참가자가 방문할 놀 곳을 선정하는가?
- 어떤 경로를 통해 정보를 얻고 계획에 반영하는가? (전화, SMS, 이메일, 트위터?)
- 참가자들이 사이트에서 지도 정보를 찾아보는가? 리뷰나 댓글을 참고 하는가?

만약, 테스트 시나리오에 대하여 참가자로부터 평가지 작성을 받는 시간을 삽입하고 싶다면, 평가지의 채점 척도는 5점을 기준으로 간단히 표기할 수 있도록 설계하는 것이 좋다. 그리고 진행자와 참가자 모두가 시나리오에 대해 평가하도록 하는 것이 공정한 결과를 얻을 수 있다.

프로토타입 테스트하기

참가자들이 테스트를 편안하게 느끼면, 그들에게서 피드백을 얻는 활동 역시 매우 편해진다. 그래서 현업에서 자주 쓰는 방법은, 테스트 시작 전에 참가자와 진행자가 함께 하는 자리를 짧게 가지는 것이다. 테스트 룸에서 다과를 함께하면서 서로 자신을 소개하고, 자연스럽게 일상적인 대화를 나누는 시간을 가진 뒤에 정식 테스트 세션을 시작하는 것이 좋다. 이 시간은 진행자와 참가자 간에 친해질 수 있는 계기를 마련함으로써 짧은 시간이지만 신뢰를 형성하고, 편안한 분위기를 조성할 수 있게 해준다.

사실상 참가자들은 진행자 없이 원격으로 진행하는 테스트를 편안하게 받아들인다. 사방이 막힌 낯선 공간에서 난생 처음 보는 사람의 리딩으로 진행되는 테스트보다, 참가자들이 익숙한 환경에서 치러지는 테스트에서 유의미한 자료들이 많이 발생한다. 비록, 익숙한 환경이고 어딘가에 몰래 카메라까지 설치되어서 다른 사람들에게 자신의 모든 행동이 실시간으로 전달된다는 것을 인지하고 있더라도 말이다.

면 대 면 진행이든 원격 진행이든, 참가자들이 테스트 환경에 익숙해지면 테스트 세션을 '대화'로 시작하는 것이 좋다. 먼저, 참가자들의 기존 경험과 오늘 실시될 테스트 내용을 연관 지어 자세히 설명해달라는 부탁으로 대화의 문을 연다. 앞서 한 번 예로 들었던 것처럼 '최근 친구들과 멋진 저녁 시간을 보내기 위해 세웠던 계획'에 대해 대화를 나누고, 웹사이트를 이용해 주말 저녁 시간을 어떻게 계획할 것인지 보여달라고 자연스럽게 요구하면 된다.

테스트를 실행하는 도중에, 진행자는 참가자에게 '왜 이런 방법을 사용하는지' '현재 생각하고 있는 다른 문제 해결 방법'에 대해 물어보면서 행동을 관찰해야 한다. 또한 '왜 이런 아이템들을 떠올리게 되었는지'에 대해서도 물어볼 필요가 있다. 앞서 오프닝 대화에서 얻었던 정보들을 적절히 사용하여 대화를 유도하는 것이 중요하다.

본격적인 과업 수행에 들어가기에 앞서, 진행자는 참가자가 디자인 요소들에 대해 쉽게 이해할 수 있도록, 간단한 설명을 해 줄 필요가 있다. 참가자가 활용할 수 있는 기능들에 대해 직접 보여주면서 사용을 유도할 수 있게 하라. 예를 들어 '주변 검색'이라는 기능을 테스트 하고 싶다면, 해당 아이디어에 대해서 참가자에게 설명한 뒤, 실제로 이 기능을 활용하여 식당이나 문화 이벤트를 찾는 과정을 보여주는 것이다. 지도 정보

사용법과 리뷰 평가 등의 방법도 알려주는 것이 좋다.

이처럼, 테스트 시나리오 상에서 참가자의 일상적인 경험들을 녹여내어 테스트 대상이 되는 디자인의 콘셉트를 이해시켜야 프로토타입에 대한 성공적인 사용성 테스트가 가능하다. 또한, 프로토타입에 쓰인 단어를 직접적으로 사용하여 테스트의 몰입도를 높이는 것도 필요하다. 다만, 진행자의 능동적인 테스트 개입이 참가자의 활동을 방해하지 않도록 균형을 잘 잡지 않으면, 모든 노력이 수포로 돌아갈 수 있으니 유의하도록 한다.

> **Tip 테스트 환경 통제**
>
> 만약, 아직 개발이 덜 끝난 서버를 이용하여 사용성 테스트를 진행하게 되었다면, 테스트 당일만큼은 개발자들이 서버에 접근하지 않도록 사전에 협의를 하여야 한다. 테스트 중에 프로토타입에 변동 사항이 생길 수 있기 때문이다. 이는 진행자와 참가자, 모두에게 당혹스러운 돌발 상황이 될 수 있는데다, 테스트 자체가 무효화되기 때문에 상당한 시간과 자원의 낭비를 초래한다.

테스트 과정 녹화 및 피드백

테스트를 진행하면서 일일이 참가자를 관찰하고 기록하는 것을 동시에 하는 것은 정말이지 무리수다. 가장 좋은 방법은 진행자 1인, 그리고 관찰자 1인 체제로 운영하는 것이다. 이렇게 역할을 분리함으로써, 진행자가 참가자에게 집중하여 테스트 세션을 리드해 나가고, 관찰자는 참가자의 행동 하나하나를 면밀히 기록으로 남길 수 있다.

녹화 중에 기록할 포인트가 발생했을 때, 문자로 기록을 남기는 방법도 있겠지만, 가장 효과적인 방법은 비디오테이프에 직접 코멘트를 남기는 것이다. 이렇게 하면, 비디오 분석 시 해당 부분에 대해 빠르게 이해할 수 있다. 단순히 노트에만 내용을 적어놓으면, 자칫 잘못하면 리뷰할 때 중요한 포인트를 놓칠 수 있다. 모든 것을 녹화본 자체에 남기고자 노력하라.

앞서 예로 들었던, 테스트에서 한 가지 과업을 완수할 때마다, 5점 척도로 평가를 진행하는 경우에도, 마찬가지로 비디오 자체에 기록을 남기는 것이 좋다. 예를 들어 진행자가 "매우 어려움을 1점으로, 그리고 매우 쉬웠음을 5점으로 표현한다면, 이 웹사이트를 이용하여 LA에서 주말을 보낼 계획을 짜는 것은 몇 점으로 평가하실 수 있습니까?"라고 참가자에게 구두로 물어보면, 참가자는 이에 역시 구두로 "몇 점"이라고 대답할 것이다. 그리고 이 전 과정은 비디오에 녹화되어 기록으로 남게 된다. (이때 진행자가 매기는 점수는 비디오 녹화본과 별개로 집계한다.)

진행자의 평가는 주로 참가자의 과업 수행에 대한 난이도나 소요 시간에 집중되어 설계된다. 예를 들어 어떤 과업을 수행하는데, 내비게이션이나 레이블링이 어려워서 '원하는 기능을 찾아내는 데 시간이 오래 걸린다'던가, '뎁스가 너무 많아 어려움을 겪는 것이 보인다' 등을 5점 척도로 객관적인 시각으로 평가해야 한다. 참가자의 평가는 주관적이고 정성적이어서, 디자인의 질적인 측면에 집중해서 참가자의 만족도를 알아볼 수 있다. 이에 비해 진행자의 평가는 다분히 객관적이며 정량적이다.

Silverback, Morea나 캠코더를 이용한 녹화 시스템을 사용하는 것은 아주 작은 부분들까지 놓치지 않게 해주는 매우 훌륭한 기록 방법이다. 관찰자가 기록한 관찰 자료와 병행하여 중요한 부분들을 몇 번이고 리뷰하면서 분석할 수 있다.

관찰 기록의 방법에는 여러 가지가 있다. 그냥 종이에 기록하는 것부터, 엑셀 프로그램을 사용하여 정리하거나, 사전에 지정된 리서치 프레임워크에 맞추어 기록하는 방법 등 다양한 방법이 존재한다.

Morea는 녹화 중간 중간 각 프레임마다 중요 포인트를 간단히 입력할 수 있게 해주는 기능을 가지고 있는 프로그램이다. 매우 편리한 툴이지만, 이 프로그램의 인터페이스 자체가 사용하기 불편할 뿐만 아니라, Mac 시스템은 아예 지원을 하지 않기 때문에 사용 범위에 한계가 있다. 그러나 Windows 운영체제만을 사용하는 테스팅이라면, 별 무리 없이 Morea를 사용할 수 있을 것이다.

유의미한 데이터를 이끌어 내야 하기 때문에, Morea나 Firefox와 같이 운영체제의 특성을 타는 기록 툴을 사용성 테스트에 이용하고자 한다면, 평소에 참가자가 쓰던 운영체제에 맞추어 세션을 준비하는 것이 타당하다. 두 플랫폼에서의 경험이 완전히 다르기 때문이다. 이런 경우에는, Mac 유저에게는 Mac 기반의 프로토타입을, 그리고 Windows 유저에게는 Windows 기반의 프로토타입을 제공해야 한다.

Messagefirst는 사용성 테스트 세션의 기록을 위해 인텔 기반의 iMacs와 Silverback 프로그램을 사용하여 음성과 영상을 동시에 기록한다. 이 솔루션은, Mac과 Windows를 한 대의 컴퓨터에서 동시 구동할 수 있게 해주기 때문에 별도의 장비 없이 원격 테스팅이 가능하다. 원격 테스팅 시행 시 참가자와 스크린을 공유할 수 있게 해주는 프로그램에는 NetMeeting, WebEx 그리고 Adobe Acrobat Connect를 꼽을 수 있다.

관찰 내용 기록에 있어, 그 방법이 수기든 비디오 녹화이든 음성 녹음이든 막론하고, 아래의 세 가지 요소만 정확하게 구분하면 이후 분석 작업이 매우 수월해진다.

- **관찰:** 테스트 세션 진행 중 직접 보거나 들은 내용만을 지칭
- **시간 스탬프:** 녹화 중 집중해야 할 부분에서 포인트를 준 것을 지칭
- **태그:** 관찰 내용을 대표하여 설명할 수 있는 키워드

관찰 방법이나 테스트 세션 진행 방법을 변경하더라도, 위의 세 가지 요소는 관찰 기록 시 반드시 집중하여 그 족적을 남겨놓아야 한다. 그래야 결과물로부터 유의미한 결론을 분석해 낼 수 있다.

결과 분석 및 다음 액션 설정하기

결과 분석 프로세스를 본격적으로 시작하기 전, 이미 중요한 포인트들은 명백하게 머릿속에 남아 있다. 사용성 테스트를 실시하면서 참가자들이 반복적으로 보여주었던 행동, 코멘트들이 확실하기 때문이다. 이 포인트들에 대해 자세히 알아보는 것이 결과 분석 프로세스의 스타팅 포인트라고 할 수 있다.

 수차례의 면 대 면 테스트 세션과 원격 테스트 세션을 진행해 온 경험을 바탕으로 판단하건대, 포스트잇 등으로 테스트에서 얻어진 결과물을 벽에 붙여서 한눈에 볼 수 있도록 하는 것이 매우 효과적인 결과 분석 방법 중의 하나이다. 수많은 관찰 결과 데이터들을 벽에 붙여 놓고 연관성이 있는 것들끼리 분류 작업을 해 나가다 보면, 전체적인 결과 도출뿐만 아니라, 결과 분석을 표현할 키워드와 서브 키워드까지 확립할 수 있게 된다.

 결론을 설명할 수 있는 키워드를 찾은 후에는, 그 키워드를 뒷받침해

그림 12.1
관찰 결과에서 도출되는 수천 개의 포인트들

줄 수 있는 관찰 결과 기록들을 찾아 매치시키고 내용을 종합하면서 다음 액션에 반영되어야 할 중요 요소를 찾아라.

    중요 요소를 걸러내는 기준은 다양하다. 현장에서 가장 흔히 사용하는 기준은 '빈도수'다. 관찰 기록 데이터들을 분석했을 때 얼마나 해당 데이터가 자주 출몰하는가, 참가자들이 반응한 횟수는 얼마나 되는가에 집중하여 결과를 분석해낸다. 또한 경직성이나 학습가능성(참가자가 테스트 세션을 경험하면서 사용 방법에 대해 스스로 쉽게 익숙해질 수 있었는가, 아니면 끝까지 적응하지 못한 채 세션을 끝냈는가에 대한 평가) 역시 기준이 될 수 있다.

맺음말

몇 년 전, 필자는 사용성 테스트를 해도 되고, 안 해도 되는 부가적인 요소라고 주장하던 사용성 컨설턴트와 설전을 벌인 적이 있다. 필자는 사용성 테스트가 부가적인 요소라고, 그리고 제품 개발이라는 프로세스가 '종료'되는 시점이 있다고 단 한 번도 믿어본 적이 없다. 제품 개발과 사용성 테스트는 절대 '끝'이 있는 프로세스가 아니다. 끊임없이 계속 돌고 도는 살아 있는 사이클이다.

몇몇 독자들은 '끝이 없다'는 필자의 언급에 심적으로 위축될지도 모르겠다. 하지만 생각의 각도를 조금만 바꾸어 보자. 필자는, 이 사이클이 끊임없이 반복되기 때문에, 과거의 경험을 통해 새로운 지식이 축적되면서 늘 학습이 가능한 환경을 만들어주는, 매우 좋은 기회라고 생각한다. 반복적인 프로세스와 경험들을 통해 지식과 노하우가 제품 및 서비스 디자인을 조금 더 완벽하게 만들어 낼 수 있는 단초가 되기 때문이다.

필자는 이 책이 프로토타이핑이라는 반복적인 프로세스, 디자인 콘셉트를 창조하고, 프로토타입을 만들고, 테스트하고, 문제점을 보완하고, 디자인을 완성하는, 전반에 대한 이해도를 높이는 데 기여할 수 있기를 바란다.

또한, 여러분이 프로토타이핑 숙련자든, 입문자든 상관없이 이 책에 소개된 팁들과 방법론, 도구들을 통해 조금 더 쉽게 프로토타이핑을 실시하고, 클라이언트들과 경영진들에게 설득력 있는 제안을 하며, 프로토타이핑 테크닉을 함양할 수 있는 기반이 마련되기를 기원한다.

필자는 항상 새로운 방법론과 테크닉을 학습하는 것에 큰 관심을 가지고 있다. 여러분이 필자와 공유하고 싶은 방법론이나 스킬이 있다면, 주저 없이 필자에게 제시해 주길 바란다. 누가 알겠는가? 여러분이 소개해 준 방법론들이 이 책의 다음 에디션에 실리게 될 수 있을지 말이다.

요약

프로토타입을 이용한 사용성 테스트는 전체 프로토타이핑 프로세스에 있어 매우 중요한 과업이다. 테스트를 실시할 때에는, 아래의 유의 사항을 반드시 숙지하기 바란다.

- 사용성 테스트는 이벤트가 아니라, 반드시 거쳐야 하는 프로세스의 한 부분이다.
- 사용성 테스트의 결과는 얼마나 '적합한[right]' 참가자들을 모집하느냐에 달려있다. 적합한 참가자들을 찾는데 노력을 기울이라.
- 좋은 진행자가 되기 위해서는 숱한 노력이 필요하다. 그러니, 부단히 노력하고 많이 연습하라.
- 테스트를 실시하기 전에, 프로토타입이 제대로 작동하는지 반드시 점검하라.
- 여러분의 결과물을 가장 잘 표현해 줄 수 있는 적합한 툴을 선택하라.
- 테스트 세션을 비디오 녹화하는 것이 관찰 결과를 기록하는 가장 좋은 방법이다.

찾아보기

ㄱ

개논, 케이틀린 155
공개 평가 27-28
구성 요소 라이브러리(Nick Finck) 154
구조적 요소를 위한 스타일(HTML) 214-218
그라디언트 굴곡현상(Fireworks) 163
그래픽 구성요소
   iPhone GUI 구성 요소 167
   iPhone용 애플리케이션 구성 요소 163
   Visio 탑재 그래픽 구성 요소 142, 153
그레이, 데이비드 73
기대 심리 71-73
기획 72-73
   사용성 테스트 기획 237

ㄴ-ㄷ

납작한 치과용 테이프 105, 117
낭비 제거 12-15, 225
내부적으로 아이디어 설득하기 52-53
노트 하기 공개평가를 위한 노트 36
뉘랜드, 쟈코 153
다양한 문서 포맷으로 저장하기(Fireworks) 174
다이나믹 패널(Axure) 195
다이나믹 패널 상태 관리자(Axure) 190
대상 사용자
   프로토타이핑 대상 사용자 68-69
대학 온라인 지원 프로세스 225
드래그-앤드-드롭 125
디몬, 가렛 154

디자이너와 개발자의 관계 46-47
디자인
   소프트웨어 개발을 위한 디자인 23
   설명 사양서 49
디자인 스튜디오 24-25
   공개 평가 세션 27
디자인 프로세스 3

ㄹ-ㅁ

람제이, 앤더스 23, 82
레이어 공유(fireworks) 161
로렌 박스터의 Axure 디자인 라이브러리 201
롤오버 효과(fireworks) 169
링크 속성창 189
마스터 슬라이드(powerpoint, keynote) 125, 128
마스터 페이지(Fireworks) 161, 163, 166
마우스오버 효과(Axure) 181-187
마우스오버 효과(fireworks) 169
매튜스, 스캇 73
메이어즈, 에릭 215
문서화
   문서의 오역 9
   프로토타입을 위한 문서화 17
미리보기 모드(fireworks) 162

ㅂ

바흐만, 카렌 155
반복적인 프로토타이핑 프로세스 27-28
배경 이미지
   Keynote 128

PowerPoint 128
버전 관리 207
베이스라인 사용성 테스트 225
베이커-베이츠, 조너선 17, 15-18
벡터 이미지(fireworks) 159
복사하여 붙이기 125
부가적인 사용성 테스팅 252
부가적인 정보에 대한 보여주기/숨기기 기술 111-113
비트맵 이미지 작업(fireworks) 161
빠른 반복적 프로토타이핑 82

사례 연구 18
사용성 테스트 시나리오 243-245
사용성 테스트 진행 240, 247
사용성 테스트 참가자 242
　생략 / 생략가능 형태 243
　참가자와 소통하기 246
사용성 테스트 참가자 모집 237
사용성 테스트의 질문 문항 연구 243
사용성 테스팅 235-254
　결과 및 추천 내용 보고 242
　관찰 및 피드백 기록 247-249
　기획 236
　베이스라인 225
　보편적인 실수 235-242
　부가적인 253
　분석 249-250
　사용성 테스팅을 위한 프로토타입 55-57
　연구 과제 수립 238-239
　준비 242-243
　진행 240
　참가자 모집 237
　참가자와의 인터랙션 244-245
　프로세스로서의 사용성 테스팅 235
사용성 테스팅 질문 문항 238-239
샌더스, 마크 26-27

생략 / 생략 가능 형태 243
생산 단계의 HTML 프로토타이핑 205
소스코드
　생산에 재활용 가능한 소스코드 91
　소스코드 개발 184
　스케치 옮기기 32-33
　HTML 스타트업 파일을 위한 소스코드 211
스케치 34
스케치보드 30
스케칭 29-30
　스케치 활동 73-74
스케칭의 양과 질 30
스콧, 빌 154
스크린에 인터랙티비티 부여하기(fireworks) 172
스토리보드
　문제점 49
　스케치보드와의 차이점 30-31
시뮬레이션 58
심볼(fireworks) 161

아이폰 GUI 요소 167
어도비 아크로뱃 커넥트 102, 249
옴니그라플 48-50, 93
　GUI 라이브러리 129
완벽주의 77
요구 사양서 4, 8
　문서 작성자 12
　오류 12, 15
우드, 제드 45
위험 감소 81-84
이미지 맵 184
인덱스 카드 104
인터랙션 케이스 속성창(Axure) 189, 193, 194, 195
인터랙티브 PDF 형식으로 파일 저장하기

174-175
인터랙티비티
　메시지 작성 스크린에 인터랙티비티 부여하기 171, 173
　새 메시지 스크린에 인터랙티비티 부여하기 172
　파워포인트에서의 한계 126
　Visio에서의 인터랙티비티 152
일러스트레이터 93, 104
　GUI 라이브러리 129
일회용 HTML 프로토타입 205

자바스크립트
　전환효과 테크닉 135
작스, 바룩 79
재사용 가능한 소스코드 91
점화 71
제품 개발 253
제품 디자인을 위한 페이퍼 프로토타이핑 118
주석과 인터랙션 패널(Axure) 188, 193, 195
직사각형 핫스팟 툴(fireworks) 171
최종 사용자 테스팅 40
커뮤니케이션 공유하기 45-52
　어려움 49
커뮤니케이션 공유 45-52
코멘트 태그(HTML) 211
퀴젠베리, 휘트니 247
클라이언트 38
키 스크린(Fireworks) 167-5
키프레임　파워포인트 인터랙티브 프로토타입의 키프레임 132

타임라인
　사용성 테스팅 237

프레젠테이션과 공개 평가 27
테스팅, 사용성 테스팅
　프로토타이핑 프로세스 내의 테스팅 40-41, 82
　fireworks로 테스팅 하기 174
템플릿(Visio) 142, 145, 146
투명 오브젝트에 하이퍼링크 만들기(powerpoint) 132
투명 종이 이용해서 페이퍼 프로토타이핑 진행하기 105
투명도 (파워포인트 버튼 오브젝트) 132
툴 선택의 영향 요인 89-90

파워포인트 80, 93
　마우스 클릭 액션 제거하기 132
　버튼에 하이퍼링크와 인터랙션 부여하기 132
　샘플 프로토타이핑 키트 128
　서사적 프로토타입 만들기 127-129
　약점 126
　인터랙티브 프로토타입 만들기 131-133
　장점 124
　ajax 효과 135
파워포인트 프로토타이핑 도구 모음 129, 131
파워포인트로 인터랙티브 프로토타입 제작하기 131-133
패널 상황 속성창 선택(Axure) 193
패널 상황창 설정하기 193
패닉 소프트웨어 228
퍼포먼스 161
페이지 구조와 와이어프레임 6
페이지 배경(Visio) 149, 151
페이지 상태(Fireworks) 159
페이지 패널(Fireworks) 166, 168
페이퍼 프로토타이핑 기반 커뮤니케이션, 상황 변화 108-109

페이퍼 프로토타이핑의 슬라이드 효과 116-
    117
포스트잇 노트 104
포토 갤러리 시뮬레이팅 116-117
폭포수 개발 방법 82
프레임워크 206
프로젝트 공유 및 협력작업(axure) 182
프로토노트 206
프로토캐스팅 48-53
프로토타이핑 결정요소로서의 기술적 신뢰
    도 58
프로토타이핑 도구로서의 종이 94
    기초 106
    변경 사항 커뮤니케이션 하기 108-109
    약점 101
    장점 100-102
    제품 디자인을 위한 페이퍼 프로토타입
        117
    핵심 도구 세트 103-105
    회원 가입 양식 107
프로토타이핑 도구 모음(Visio) 154
프로토타이핑 중 저지를 수 있는 실수들 67
프로토타이핑 툴 93
프로토타이핑 프로세스
    스케칭 29
    테스팅 38
    프레젠테이션과 공개 평가 34
프로토타이핑 프로세스에서의 프레젠테이션
    34
프로토타이핑의 의도 68-69
프로토타입
    낭비 감소 226
    문서로서의 프로토타입 7
    보편적 타입에 대한 설문 조사 결과 94
    생산을 위한 재사용 가능한 코드 91
    테스팅 244-247
    프로토타입 피드백 77
    혜택 71
프로토타입 라이브러리 89

프로토타입(자바 스크립트 프레임워크) 206
핑크, 닉 154

하위 버전 207
하이퍼링크 파워포인트에서 하이퍼링크 만
    들기 132
    Visio에서 하이퍼링크 만들기 142
핸들바 107
혁신 3, 62
협력 작업
    프로토타이핑 작업을 위한 협력 작업 46-
        47
    화이트보드를 이용한 협력 작업 33
    HTML 프로토타입을 통한 협력 작업 207
홈페이지 콘텐츠 디자인(Axure) 186
화면 공유 원격 테스팅 249
화이트보드 스케칭 33

AJAX 8
    라이브러리 94
    시뮬레이션 80
    파워포인트 내 효과 135
Axure RP Pro 93, 94
    다이나믹 패널 195
    마스터 라이브러리 201
    마우스오버 효과 만들기 195-
    비디오 웹사이트 프로토타입 184-194
    비디오 튜토리얼 201
    비디오 플레이어 콘텐츠 디자인 187
    약점 183
    장점 182
    파일 생성 185
    페이지 링크시키기 187-189
    헤더 만들기 185
    홈페이지 콘텐츠 디자인 187

b - e

base.css 파일 216,
Blueprint 205, 206
Camtasia(Windows) 50
Coda 228
CSS 스타일에 이름 붙이기 212
CSS 초기화 파일 215
CSS 프레임워크 205
div container(HTML) 212
Dreamweaver 79, 93, 228

f

Fireworks(Adobe) 79, 93-94, 159-178
    롤 오버와 인터랙티비티 168-170
    마스터 페이지 생성하기 166
    아이폰 애플리케이션 프로토타입 163-173
    약점 161-163
    인터랙티비티 부여하기 171, 173
    인터랙티비티(새 메시지 스크린) 172
    장점 159-161
    저장과 테스팅 174
    키 스크린 생성하기 167
    파일 생성 163-166
    페이지 이름 168
    GUI 라이브러리 129
Flash 93
Flex 93

g - h

GitHub 207
GUI 위젯
    보편적 제작 세트 129
    제작방법 104-106
GUI 자석 119
heading, (HTML 프로토타입) 220

HTML 파일 저장하기 파워포인트에서 HTML 파일 저장하기 125
HTML 편집기 93
HTML 프로토타입 96, 205-231
    구조적 요소들을 위한 스타일 215-218
    기초 구조 212
    모듈화 프레임워크 접근 216
    생성하기 211-231
    약점 208
    장점 207-209
    콘텐츠 더하기 218-231
    파일 생성하기 211
HTML 프로토타입으로의 모듈화 프레임워크 접근 216
HTML 프로토타입을 위한 주석 208

i - l

InDesign 93
iPhone
    기본 애플리케이션 스크린 사이즈 166
    메인 툴바 166
    Fireworks에서의 애플리케이션 프로토타입 163-173
    GUI 요소 167
iPhone의 기본 화면 해상도 166
iRise 93, 94
JPEG 그림파일 이미지 압축 174
JPEG 스크린 79
JPEG2000 그림파일 174
jQuery 206
    자바스크립트 라이브러리 89
Keynote 93, 124-126
    버튼의 하이퍼링크와 인터랙션 133
    샘플 프로토타이핑 세트 128
    약점 126
    장점 124

m - t

Mac OS X, 화면 공유 249
Morea 235, 248
NetMeeting 249
PDF
   파워포인트에서 PDF로 저장하기 125
   Visio에서 PDF로 저장하기 142
photoshop 93
reset.css.file 216
rich internet applications(RIAs) 8
RSS feed 8
Ruby on Rails(RoR) 94
Script.aculo.us 자바스크립트 라이브러리 89, 206
   자바스크립트 라이브러리 89
Silverback 235, 248
slap-and-map 기법(HTML) 205
Snapz pro x(Mac) 50
style.css.file 218
swipr 154
teehan+lax 53
textmate 228
twitterific 163
   아이콘 167
typography.css.file 216

Visio 93-94, 104, 140-156
   부가적인 리소스 153-154
   약점 142-145
   애플리케이션 윈도우 만들기 147-148
   인터랙티비티 152
   장점 142
   파일 생성하기 145
   프로토타이핑 프로세스 145-150
   GUI 라이브러리 129
Visio에서의 배경 142

Visio의 템플릿과 그래픽 구성요소(Dimon) 154
VoIP 53
webex 102, 249
windpw xp user interface(visio) 146
Yahoo! Css reset files 215
Yahoo! User Interface(YUI!) 205
   사용성 테스팅을 위한 노트 247, 248
   Visio에서 HTML파일 저장하기 142, 145
   Visio의 키프레임 152
   3D 효과를 채용한 위젯 114